# 微信
## 让你生活更精彩

欧阳敏 编著

北京工业大学出版社

## 图书在版编目(CIP)数据

微信让你生活更精彩/欧阳敏编著.—北京:北京工业大学出版社,2013.11
 ISBN 978-7-5639-3664-9

Ⅰ.①微… Ⅱ.①欧… Ⅲ.①互联网络—传播媒介—研究 Ⅳ.①G206.2

中国版本图书馆CIP数据核字(2013)第228029号

## 微信让你生活更精彩

编　　著:欧阳敏
责任编辑:周　雪
封面设计:尚世视觉
出版发行:北京工业大学出版社
　　　　　(北京市朝阳区平乐园100号　邮编:100124)
　　　　　010-67391722(传真)　bgdcbs@sina.com
出版人:郝　勇
经销单位:全国各地新华书店
承印单位:北京集惠印刷有限责任公司
开　　本:710毫米×1010毫米　1/16
印　　张:10.5
字　　数:125千字
版　　次:2013年11月第1版
印　　次:2013年11月第1次印刷
标准书号:ISBN 978-7-5639-3664-9
定　　价:28.00元

版权所有　翻印必究
(如发现印装质量问题,请寄本社发行部调换 010-67391106)

# 前　　言

距离产生美，然而距离却给沟通带来困难。电话将人与人的距离拉近，让沟通变得轻松起来，人们远隔千山万水，也能够听到对方的声音，这是一种多么亲切的感觉，然而电话的固定性，无法满足人在旅途中的需求，于是乎，移动通信工具——手机应运而生。

随着手机的广泛运用，仅仅只能听到声音，已经难以满足人们对提高生活质量的需求，于是，一批具有真知灼见的精英，将目光投注在手机应用的开发上。很快，一些即时通讯软件有如雨后春笋破土而出，丰富着人们的生活。

随着时代的发展，那种仅局限于声音、文字的沟通也正逐渐被时代所摒弃，注重感官体验的沟通方式日益为人们重视。

微信，将人们的距离拉得越来越近。我之所以接触微信，源于外甥的一个电话。那日，我正和几个文朋书友在茶馆里侃大山，一个陌生的电话打了过来，我犹豫一阵后，终于还是按了接听键，谁知传来的竟然是我外甥的声音。

外甥在一家大型公司就职，常年奔波在国外，前一段时间，我听说他已被调往智利，他负责公司在那一片的开发，我惊问道："你现在是在智利还是回国了?"外甥回答:"我正站在圣地亚哥的阿玛斯广场上,这里简直太美了,我知道你喜欢拍照,你上微信了么,我可以通过微信将这里的景色传给你,真的好棒!"

很快,通过微信,我不仅见到了我的外甥,而且也看到了阿玛斯广场的雄伟与壮丽。通过这微信,外甥仿佛就在我的身边,这东西真是神奇。

于是,我开始关注起微信来。通过查阅资料,我这才对微信有所了解:2011年1月正式上线的微信,只用了两年时间就成为全球使用人数最多的移动通信应用。

《华尔街日报》中文版则将2012年"中国创新人物奖"科技类奖项颁给了"微信之父"——腾讯公司高级副总裁张小龙。微信的横空出世,被《纽约时报》评价为"正积极尝试扭转中国本土互联网产品无法推向世界的命运"。

"微信",作为一种全新的社交工具,不仅改变了世界各国对中国本土互联网产品的看法,也创造出了全新的商业机会。

这本《微信让你生活更精彩》以微信为主要研究对象,详细介绍了它从诞生到发展壮大的来龙去脉,并预言其创造财富的能力将不可估量。本书详细地介绍了微信的具体使用方法和营销模式,也是对于微信知识的普及与宣传。在微信正在如火如荼地发展的今天,作为一本介绍和研究微信的书,希望本书给你带来启发和鼓励。

# 目　录

## 第一章：微信时代，改变我们的生活 ……………… 1
微信，新时代人类那点事 …………………………… 3
微信时代，沟通"摇"起来 …………………………… 7
微信建造领袖营销的时代 …………………………… 13
微信成功的主要因素 ………………………………… 15

## 第二章：微信的迷你功能 …………………………… 17
微信有哪些超强功能 ………………………………… 19
手机"摇一摇"功能的使用 …………………………… 22
使用微信的流量消耗 ………………………………… 25
玩微信"漂流瓶"的方法 ……………………………… 27
通过手机通讯录找好友 ……………………………… 30
启用QQ离线消息插件联系QQ好友 ………………… 32
查看附近使用微信的人 ……………………………… 34
使用微信拍摄并发送视频 …………………………… 37

**第三章：微信广阔的"钱"景** ……………………… 41
  微信营销价值无限 ……………………………………… 43
  高黏性用户商机无限 …………………………………… 46
  微信可以使每个人从中获益 …………………………… 49
  微信与微博的比较 ……………………………………… 53

**第四章：微信营销必须玩转公众账号** ……………… 57
  微信公众平台简介 ……………………………………… 59
  公众账号打造高效互动平台 …………………………… 61
  微信公众账号功能及使用技巧 ………………………… 63
  微信用户的真实性 ……………………………………… 67
  微信推广运营之道 ……………………………………… 69
  如何增加粉丝活跃度 …………………………………… 74
  维护老客户，升级感情 ………………………………… 76
  玩转微信的七点技巧 …………………………………… 78

**第五章：微信营销实战案例分析（一）** …………… 81
  星巴克——餐饮微信营销专家 ………………………… 83
  酒店微信营销：布丁酒店 ……………………………… 88
  银行微信客服：招商银行 ……………………………… 93
  小而美的杭州微信车队组织 …………………………… 96
  媒体微信运营：《半岛晨报》与《钱江晚报》 ………… 98

## 第六章：微信营销实战案例分析（二） ········· 101

  营销利器之漂流瓶 ····················· 103
  "开心茶馆"微信营销 ·················· 106
  飘柔陪聊式微信对话 ·················· 109
  英特尔联手微信 ······················ 110
  深圳海岸城微信会员卡模式 ·············· 112
  美丽说×微信模式 ····················· 113
  K5便利店新店推广模式 ················· 115
  凯迪拉克微信公众账号运营模式 ············ 116
  "我画你猜"微信营销活动模式 ············ 118
  微信助阵聚尚国际 ···················· 120
  绿源开通微信 ······················· 121
  游戏媒体进军微信 ···················· 123
  微信助珂兰钻石业绩翻番 ················ 124
  优衣库开启微信营销 ·················· 126
  用微信催生成人用品电商 ················ 128

## 第七章：微信被看好的未来 ················ 131

  微信，全新的创业平台 ················· 133
  沟通无限，牵引人类社交 ················ 136
  微信在海外市场的积极扩张 ·············· 138
  微信为中国巨变做见证 ················· 140

**第八章：行业专家谈微信** …………………………… 143

　　马化腾的微信梦 ………………………………… 145

　　微信之父张小龙 ………………………………… 147

　　戴志康和微信"二维码"运营 …………………… 150

　　李开复：如果让我选择，我会投资微信 ………… 156

　　房地产专家谈微信 ……………………………… 158

# 第一章:
# 微信时代,改变我们的生活

今天你微信了吗?微信在短短的时间内,就形成了一股强劲的飓风。毋庸置疑,微信正在改变我们的生活,微信让我们生活得更加精彩。

第一章：微信时代，改变我们的生活

# 微信,新时代人类那点事

"微信是什么？"笨笨用满是疑惑的目光望着菜鸟。

菜鸟眉毛往上挑了挑，用一种蔑视的眼神将笨笨上下打量了一番。菜鸟用鼻子轻轻地"哼"了一声，习惯性地将嘴角略微地朝上翘了翘，说道："不知道微信？那你可就OUT了。"

**微信 logo**

笨笨与大名鼎鼎的刘翔是同姓，而且有一个十分雷人的大名，单字一个"奔"。刘翔创造了中国人在男子110米栏项目上的佳绩，可谓人如其名了。可刘奔呢，他行走的速度较慢，且不是稳健的表现，而是接近于笨拙了。于是，"笨笨"就成了他的绰号。

菜鸟姓蔡名聪，父母给他取名聪是希望他聪明伶俐，可偏偏这"聪"字与"虫"字的音十分接近，而且"蔡"与"菜"音完全相同，于是蔡聪的朋友们就把"蔡聪"与"菜虫"联系起来，而"菜虫"似乎喊起来更顺口，所以，大家便不约而同地称他为"菜虫"了。这位"菜虫"天生有好为人师的性格，常常喜欢装模作样地充当行家里手，不过牛皮也有吹破的时候，他多次假充里手被戳穿，大家也就明白他不过是一个菜鸟而已。菜鸟是时髦的网络语言，蔡聪愿意听，别人也愿意叫，从此，蔡聪又由"菜虫"演变成"菜鸟"了。

闲话少说，言归正传，菜鸟将笨笨贬低一番之后，感到自己并没有将微信是什么这问题解答出来，他低头想了想，这才将存储在头脑里的一些支离破碎的记忆抖搂出来："这微信嘛，可以发文字短信，可以语音留言，而且只会用掉少许上网流量。这就是微信。"菜鸟如是说。

"可这与我们又有什么相干？"笨笨茫然地望着菜鸟。

"嘿，你知道现在流行的话题是什么吗？"菜鸟问道。

"你买房了么？你买车了么？这谁不知道。"笨笨几乎是脱口而出。

"NO！NO！"菜鸟潇洒地挥了挥手，之后说道，"你真是太OUT了，什么房呀、车呀的，当下最流行的话题是：'你用微信吗？'"菜鸟说完有些自鸣得意。

的确，现在是"微信"的时代。在人流如潮的大街上，我们常见正在行走的年轻人，突然摇晃自己的手机，之后猛看屏幕。不了解微信的人，也许会对此莫名其妙，其实那摇晃手机的人是在使用微信寻找附近的用户。

别小看这种寻找用户的方式，倘若你是单身男女，这微信也许还能为你搭上鹊桥呢。说到搭鹊桥，曾经有这样一个故事。20世纪六七十年代，一个卷烟厂的女工为了寻找自己的另一半，将自己的地址写在纸

## 第一章：微信时代，改变我们的生活

条上，并留下一句话：收到者就是有缘人，如果你还是单身，就按照地址来信，假如你有了家庭，就请将纸条烧掉。

这个纸条的命运如何，已经无从考证，但是那位姑娘寻找另一半的方式，在当时可算是比较新奇。现在，如果你使用微信查看"附近的人"，可以看到距离自己1000米以内的其他微信用户，你也许在几分钟之内，就能找到有缘人，你还可以使用"摇一摇"功能，也许能摇出与你有同样需求的有缘人。

有一位叫"多情的土豆"的网友，曾在网上晒出自己用微信搭讪的经历：他在刚入大学不久时，通过微信找到了女朋友。

他的这一经历颇具戏剧性。那天他在一间很大的阶梯教室里，忽然心血来潮，使用了微信"摇一摇"的功能，恰好同教室的一位女生也在使用该功能，两人就在课堂上用手机联系起来了，聊到下课，他才发现，女生就坐在前排，于是他们就这样认识了，后来两人成为恋人。

当然，微信在给人们带来方便的同时，也使一些人遭遇烦恼。

一位姑娘曾向朋友吐苦水："上午我上微信，发现初恋男友加入了微信，你说多闹心。"

有一位打工者说："这天中午我闲着没事干，拿着手机玩起了微信的'摇一摇'，有一人申请加我为好友，我便应允，哪知道那人竟然是我的老板，而我微信上的'个性签名'是'这坑爹的BOSS，怎么还不给我加薪，再不加薪我就辞职不干了！'结果是老板让我去了一趟他的办公室……"

我们在使用微信时还要注意避免风险，以免落入别人的陷阱。

曾有这样一则消息：一男子通过微信约出一女孩，骗走其iPhone4S手机。所以，使用微信时，我们不要轻易透露个人信息，不要轻易相信陌生人，以避免损失和伤害。

当然，对于微信，菜鸟并不十分了解，不过临别之际，他还是没有忘记向笨笨宣传：微信最大的优点在于，软件本身完全免费，使用其产生的上网流量费由网络运营商收取。通过微信，人们即使身在不同国家，也可以很方便地进行通信。

第一章：微信时代，改变我们的生活

# 微信时代,沟通"摇"起来

菜鸟回到家里，心中似乎有一点失落感，这源于他离开笨笨时，对方抛过来的那种不太信任甚至带有一丝轻视的眼神。虽然笨笨并没有说什么，可他的目光让菜鸟很不舒服。菜鸟的自尊心很强，经过一阵反思，他认为，笨笨对他不信任确有一定道理，因为他对微信的确是一知半解，他觉得要想挽回笨笨的信任，他还得恶补有关微信的知识，于是他匆匆打开电脑，在百度搜索栏里打上了"微信"一词，很快，网页上跳出了一长串有关微信的信息，其相关结果约15500000个，使他有一种狗咬刺猬无处下口的感觉，菜鸟不知道哪一条是自己最需要看的，只好闭上眼睛，用手上下滑动鼠标随便一点，这时，电脑屏幕上跳出了一段文字：微信是为智能手机用户设计的一种通信软件。人们可用它发送语音、视频、图片和文字，人们还可用它进行群聊。

"天啦，居然有如此强大的功能！"看完这段文字，菜鸟非常兴奋，他想，按照网上的介绍，"微信"岂不是一个新的交际平台？对于素有"宅男"之称的菜鸟而言，这使他获得了无限宽广的世界。

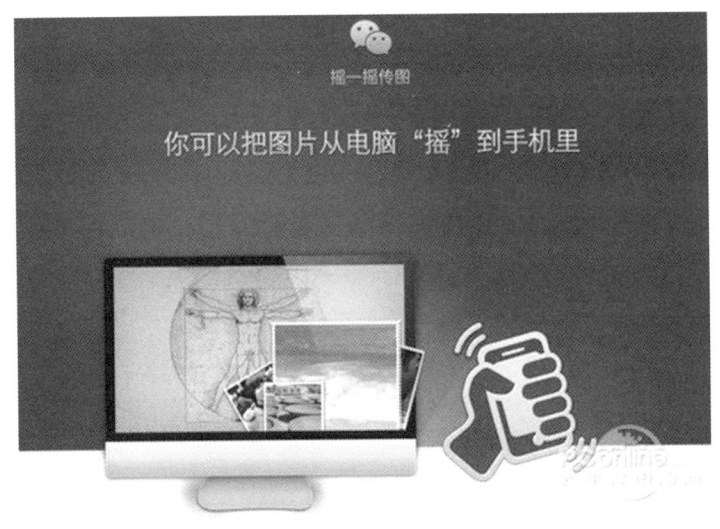

微信4.3版增加"摇一摇"传图片功能

于是，菜鸟迫不及待地继续搜寻着有关微信的信息。他得知：微信自开通以来，受到了许多智能手机用户，尤其是年轻人的欢迎。微信给人们带来了社交方式的变革。通过微信，人们可以将自己想表达的内容以语音信息的方式发给对方，微信结合了电话与短信的优点，让懒得发短信的用户大呼过瘾，微信尤其受追求新鲜感的年轻用户青睐。"哇!"菜鸟几乎是从椅子上跳了起来，兴奋的菜鸟突然想起了昨天参加同学张楠婚礼的情景。

主持人道："新郎官介绍一下，你是怎样追到这么漂亮的新娘的?"

身材微胖略显腼腆的张楠，满脸涨得通红，有些结巴地说道，"我、我能找到我、我的新娘，完、完全归功于微信"。张楠掏出手机朝大家扬了扬，继续他的讲述，说也奇怪，一谈到微信，原本有些结巴的张楠，顿时说话流利了，"我和我的新娘李梅，本就住在同一个小区，只不过我是宅男，她是宅女，我们虽然近在咫尺，却犹如远在天涯……"

菜鸟没有想到，平日里木讷少言的张楠，居然口才变得那么好，正

# 第一章：微信时代，改变我们的生活

思忖着，他又听到张楠的声音传入耳际："那天我待在家里上网，突然网络出了毛病，对于我们这类宅男而言，断了网简直令我们无聊极了，我生气地将脱下的西装甩在床上，就听'啪'的一声，我的手机掉在了地板上，我突然眼前一亮，我何不用手机的包月流量上网呢。于是，我使用了手机里微信的'摇一摇'功能，恰好李梅也在使用微信的这个功能，我们就这样聊上了，直到见面我才知道，李梅就住在我的附近，我们就这样谈上了，而且顺利地走进了婚姻的殿堂……"

听完张楠的恋爱经历，菜鸟很是惊讶，张楠曾经和他一样，年过而立依然保持处男之身，可是凭微信之功，张楠竟走上桃花运，告别单身。菜鸟想，自己没有早点用上微信，不然的话，先走进婚姻殿堂的可能就是他了。

于是，菜鸟希望立即开通微信，可他不知如何开通，他突然想起自己的同事，时尚大姐赵秀梅，这位赵大姐是他们公司里最早使用微信的人，赵大姐的老公田大哥又是他的棋友，于是，菜鸟出门拦住一辆的士，直往赵大姐家里奔去。

赵大姐家里高朋满座，田大哥正在厨房忙得不亦乐乎。田大哥一见菜鸟进来，笑道："小蔡来了，好，先坐一下，等会尝尝我的厨艺，吃完饭我们好好地杀一盘。"

客厅里，一位面貌姣好的女士正在侃侃而谈，听赵大姐介绍，这位女士姓刘。刘小姐也使用微信，她正在向大家讲述自己使用微信的体验。

刘小姐是无锡人，讲的是典型的吴侬软语，她声音宛若黄鹂歌鸣十分好听："那次我们自驾游去张家界，一行二十几个人驾驶了六辆小车，为了联系方便，我们组建了一个微信群进行'人工导航'，因此，我们中只要有人一说行走路线，整个车队就全都知道了。"

刘小姐端起茶杯喝了一口茶,继续说道:"酷爱微信的一族,有一个很潮的群体称谓——'微生物'。对于'微生物'而言,微信是生活的必需品,使用微信是一种生活方式。"

一位姓陈的女士接口说道:"这微信给人们的生活增添了乐趣。比如说周末之夜,一大群朋友聚在餐厅时,有人会拿出手机发送视频:'老妈,我晚上单位聚餐,迟点回去,你们不要担心我!'末了,还不忘朝手机摄像头做个鬼脸。用微信结识国际友人,也发展为一种趋势。微信搭建了一个社交平台,世界仿佛就在你小小的手机里。'驴友们'去旅行,微信的存在让他们能将路上的奇妙见闻以图片、视频的形式发送给自己的好友,还能使他们在网上和朋友进行实时互动。"

坐在陈女士身边的小李,是一位在校的大学生,她也介绍了自己关于微信的切身体验。她刚上大学时,每天都要和妈妈打一通长途电话报平安,一个月下来,通话费用高得吓人,而使用短信虽然费用不高,可是没有电话来得直接,而且老妈打字又特别慢。后来,她看到舍友玩微信,微信的语音对讲功能使沟通简单又方便,于是她便让老妈也加入了微信一族。从此,母女间的联系有增无减,话费却省了大半:添衣保暖、节假问候、生活琐事……微信像一条纽带拉近了小李和妈妈的距离。微信除了可以发送语音,还能多人群聊和传照片。有时她爸爸也会加入她们的队伍,她和爸爸妈妈好像天天都能见面一样。她说,即使有一次老爸因公出国,时差也没能影响父女间的交流,他们不用担心时差,也不用掐着时间算话费了。

除了方便联系家人,微信对小李这个马大哈来说,作用还真是不小呢。小李说,迎新晚会时,活泼开朗的她被辅导员任命为协调员,负责全场的节目调度和人员协调,结果对讲机被她忘在了仓库,"后来还是微信救了我的急呢"。

# 第一章：微信时代，改变我们的生活

现在的小李完全成了微信达人，无论是逛街还是自习，每到一个新环境，她总会不自觉地用微信"摇一摇"找朋友。"学校里的好几个老乡，可都是我这么找出来的呢。"小李说到这里，停顿了一下，这才朝着菜鸟说道："如果你是个有心人，一定会发现，在城市的街头、咖啡店、写字楼、地铁里，有不少年轻人会掏出手机连摇几下，紧接着手机会响起清晰的'咔嚓'声，手机主人随后盯着手机屏，然后发出会心的笑容。"

"当然，人们也有运气不好的时候。"小李讲了他们班上一个男生的故事。那天这位男生无事在家使用微信的"摇一摇"，一群从未谋面的邻居出现在他的"附近的人"列表，小李和其中一位随意打个招呼："美女，有空出来逛一逛吗？"这时，他突然发现对面楼有个姑娘，正站在窗台冲着手机大骂："死变态！"

"不过，这微信毕竟是一种通信工具。菜刀在厨师的手里，它是烹调美食的有力工具，而在不法分子手里，它就会变成杀人的凶器。微信如果被坏人利用，也会成为欺诈者的工具。"

小李的声音刚落，一位年龄在三十六七岁，身材略有些臃肿的叶姓女士抢下了话头："这微信能够帮助我监视老公的一举一动。"

叶女士不急不慢地讲述了一段自己的故事。她前几天出差，把星期天照看儿子学习的重任交给了老公。星期天，她老公为了执行她交给的任务，只好守在家里，他先是辅导儿子写作业，继而又给儿子准备午饭，在家里忙碌了整整一个上午，连气也没喘。中午吃饭时，儿子提出想吃水饺。她老公正好也想趁机会到外面透透气，于是交代儿子在家里好好做习题，他去超市给儿子买水饺。她老公刚走出家门没多久，手机响了，是她打来的。她老公立即接听。她问道："老公，在家吗？""在啊，一整天都没出门了！"她老公用一种可怜兮兮的声音朝手机说道。

"你胆子还不小,胆敢说假话骗我,你往后看看!"她老公原本是想借买水饺之名透透气的,担心被她误会为"逃兵"而撒了个小谎,却被她逮了个正着。原来叶女士提前结束差旅,她快到家时在距家约两公里的超市买点东西,她接到了一个朋友的微信,便下意识地打开了搜索,结果看到老公的"行踪"出现在手机屏幕上,并且老公就在"200米以内"。于是,她便将说谎话的丈夫抓了个现形。

叶女士微微停顿了一下,说:"'成也萧何败萧何',微信固然能给我们带来许多好处,也同样会给我们带来一些麻烦。老板可以通过查看'附近的人',对员工进行监控,而员工一旦遭遇了监视,隐私就被暴露。"叶女士说完后,脸上露出一种似喜似悲的神情。

第一章：微信时代，改变我们的生活

# 微信建造领袖营销的时代

菜鸟望着眉飞色舞的女士们，自己随她们的讲述变得兴奋起来。她们讲述的关于微信的神奇效果，令菜鸟心醉神迷。

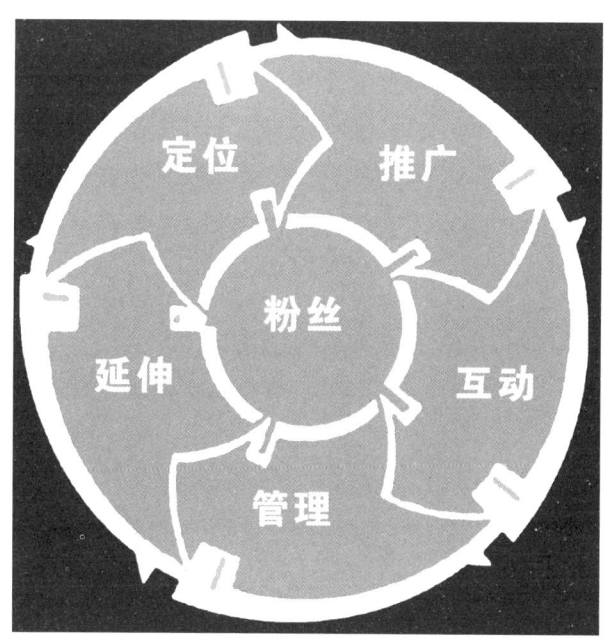

菜鸟是一家公司营销部的精英，出于职业习惯，他很喜欢从营销的角度观察问题，他听完女士们的生动介绍后，不禁脱口问道："这么神奇的微信，它的营销方式也一定很不平凡吧？"

小李笑道："哈哈，这个问题由我来解答。我在实习阶段从事微信营销工作，对其中的情况非常清楚。"小李微微思忖了一阵，似乎在理清头脑中的思绪，没过多久，她就有条不紊地讲述起来："微信营销是网络经济时代伴随着微信产生的一种网络营销方式，用户注册微信后，可与周围同样注册的'朋友'形成一种联系，用户可订阅自己所需要的信息，商家可通过用户提供的信息，点对点地进行营销。"小李背书似的一口气讲到这里，这才喝了一口茶。她润了润嗓子，接着说道："微信，是腾讯旗下的一款语音产品，是当前比较火爆的手机通信软件，它支持发送语音短信、视频、图片和文字，用户还可以通过它群聊。2011年1月21日，腾讯推出微信；2013年1月15日，微信用户突破3亿大关。在腾讯QQ邮箱、各种户外广告的宣传和推广下，微信的用户在逐月增加。"

菜鸟听了小李的介绍，心中不由得暗自嘀咕，这大学生小李讲的东西，到底是她自己总结的还是她从网上下载的？菜鸟想，自己回家一定要在电脑上好好地查一查。就在菜鸟思想开小差之际，小李继续讲道："微信的用户中，20～30岁的超过50%且主要分布在一线大城市。微信一对一的互动交流方式具有良好的互动性，其精准的推送信息的方式有助用户之间形成朋友式的关系。微信是继微博之后的又一新兴营销渠道。"

菜鸟听着小李的讲述，心想："这微信真了不起，这么短时间就拥有了这么多的用户，是什么原因使微信获得如此巨大的成功呢？"

第一章：微信时代，改变我们的生活

# 微信成功的主要因素

作为移动通讯软件，微信获得成功的主要因素有以下几点：

## （1）产品品质

微信无论在细节还是功能方面，都具备可圈可点的亮点，其产品功能上的特色，在早期吸引了其初期用户。

微信在后续的产品改进中，每个版本都有着杰出的创新。

## （2）推出时间迅速并且专注

微信诞生时间虽然晚于米聊（小米科技推出的手机端负责即时通讯工具），但也早于其他移动通讯软件，这使微信在时间方面占据了一定优势；而且微信在后来的版本改进中，一直保持精益求精的姿态，每个版本都有质的突破。

## （3）腾讯邮箱、QQ 等平台推波助澜

这个无须多说，QQ 消息、QQ 邮箱的直接推荐以及账号共享等营销策略直接推动了微信的成长速度。

### (4) 微信强大的市场营销和产品推广工作

无论是腾讯内部的工作人员,还是其产品推广公司,都为微信的市场推广工作付出了艰辛的努力。

### (5) 优秀的团队战斗力

腾讯微信负责人张小龙本身就是一个传奇,微信团队在通讯类产品上也有着一定经验。

### (6) 对用户需求的了解和把握

据闻,张小龙常常搜索用户对微信的反馈信息,对于有价值的新闻和博文,他都会仔细阅读;同时,大多情况下,他会亲自回复用户在微博上提出的疑问和批评,这也为微信日后的发展打好了基础。

据说,是否设置对方用户在阅读之后,微信消息显示阅读状态,微信内部团队就讨论了3天,足见其对用户体验的重视。

### (7) 移动互联网趋势

如同传统互联网需要QQ,移动互联网也需要一款即时通讯软件。微信发展时其竞争者大多还未成气候,而张小龙团队本身有着做即时通讯的经验,可以说,微信占据了天时、人和。

# 第二章：
# 微信的迷你功能

虽然陌生却能倾吐心声，虽然远在天涯却又宛如就在眼前，虽然从来没有见过面却仿佛能够产生强烈的共鸣。啊，偶然出现的一段文字，却恰恰拨动了心弦，就如一道穿越时空的闪电，将光明注入了心田。这些就是微信所产生的无穷魅力。

第二章：微信的迷你功能

# 微信有哪些超强功能

小李的介绍，让菜鸟茅塞顿开，他以一副求知若渴的神态说："李小姐能不能将微信的好处，系统地向我讲解一番？"

小李看了菜鸟一眼，点了点头说："这东西不是三言两语可以说清楚的，正好我的包里有一份资料，你拿回去好好地看一看。"说着小李拿过自己的包，从里面拿出几张 A4 打印纸，给菜鸟递了过去。

菜鸟接过资料，草草浏览了一番，发现上面不仅有文字而且还有图片，他正准备仔细地读一读，却听见田大哥大声喊道："好啦，开饭啰，请大家就座。"

菜鸟考虑到等会要和田大哥在棋盘上一决高下，就没有喝白酒，只是喝了两瓶啤酒。吃完饭，赵大姐和她的女伴们立即打起了麻将，田大哥匆匆地将碗筷收拾好，将菜鸟拉入书房，摆开了棋盘。田大哥是个臭棋篓子，而菜鸟也好不到哪里去，加之菜鸟心里还记挂着那份资料，就有些心不在焉。结果下了五局，菜鸟赢两盘，田大哥赢了三盘，这一番厮杀，以菜鸟的失败而告终，不过菜鸟输得并不服气，他认为，如果他不是惦记着那份资料，谁输谁胜还不知道呢。不过，菜鸟此刻可没心思计较这些，于是他找了个借口，向大家告辞。他急匆匆地回到家，一屁

股坐在沙发上,将资料拿出,仔细地看了起来。只见上面写道:

①密码找回功能。如果你忘记了微信密码,你可以通过下面的方法找回密码。

第一种,通过QQ号找回密码

打开微信,点击"忘记密码",选择用QQ号找回密码,根据提示操作,就能找回密码。

第二种,通过手机号码找回密码

打开微信,在登录页面点击"忘记密码",选择通过手机号码找回密码,输入注册时使用的手机号码,手机就会接收到系统发来的验证短信,通过短信,就可以重设密码了。

第三种，通过邮箱找回密码

打开微信，点击"忘记密码"，选择通过邮箱找回密码，填写你当时所绑定的邮箱，邮箱就会收到系统发来的验证邮件，通过邮件，就可重设密码，非常简单。

②视频通话。点击发起视频聊天，其请求比较像来电通知，你可以选择接听或者忽略。当视频通话接通后，你和好友就可以展开视频通话了，在视频通话请求的过程中你也可以切换到语音通话模式（用户可在通话的过程中进行视频通话和语音通话的切换）。

③文件传输。登录网页版微信后，根据提示进行操作，你可以将电脑上的文件发送到手机上，省去使用数据线向手机传送文件的麻烦。

④添加好友。登录微信后，你可通过查找微信号、QQ号、手机号，查看"附近的人"，来查找添加好友，还可以通过查看QQ好友（需要用QQ号注册）、查看手机通讯录（需要绑定手机号）的方式查找朋友，系统会告诉你哪些朋友正在使用微信，你可以将其加为朋友。

你可以在微信中查看明星微信认证账号并加"关注"，通过微信与明星互动。

⑤"微信"公众平台。通过这一平台，个人和企业都可以打造微信公众号，并实现和特定群体的文字、图片、语音的全方位沟通、互动。

在这里，用户可以通过微信渠道将品牌推广给几亿的微信用户，从而减少宣传成本，提高品牌知名度，打造更具影响力的品牌形象。微信公众号的口号是"再小的个体，也有自己品牌"，因此可见微信对品牌推广的重要性。

# 手机"摇一摇"功能的使用

手机"摇一摇",陌生人变朋友,那么,如何使用微信"摇一摇"功能呢?具体有以下几个步骤。

首先,要在"发现"界面找到"摇一摇"的入口。

第二章：微信的迷你功能

　　进入"摇一摇"界面，轻摇手机，微信会帮您搜寻同一时刻摇晃手机的人——聚会上一起摇，您能够找到同时也在摇晃手机的其他用户。

　　然后，摇到的朋友，直接点击就可以开始聊天。

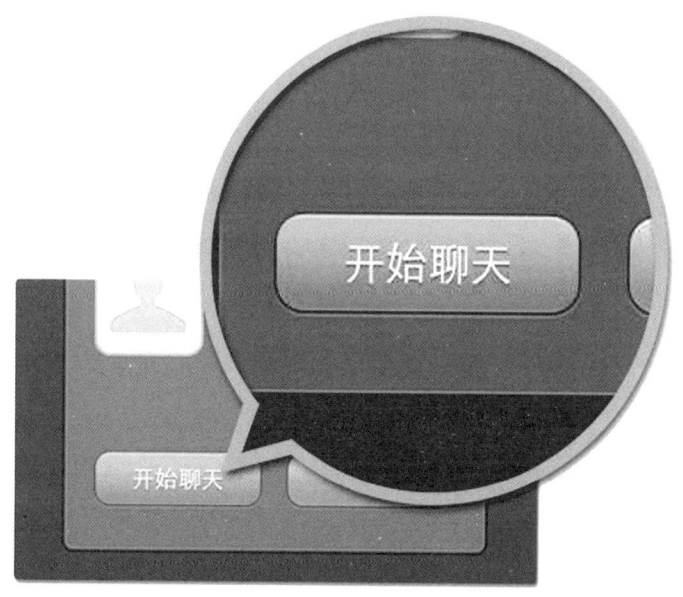

·23·

让你生活更精彩

点击设置,可以查看到上一次摇到的人群,也可以更换背景图片。

第二章：微信的迷你功能

# 使用微信的流量消耗

微信是一种即时通信工具，与传统的短信相比，它更灵活、智能，且节省资费。

微信具体所耗流量，可以参考下表。

**运行流量**

| | 网络方式 | Iphone | Android | 塞班 |
|---|---|---|---|---|
| 前台运行<br>(每小时消耗) | net<br>wap | 2.4K<br>无 | 2.4K<br>60K | 2.4K<br>60K |
| 后台运行<br>(每小时消耗) | net<br>wap | 无<br>无 | 2.4K<br>3～15K | 2.4K<br>3～15K |

让你生活更精彩

| 各类型消息流量 | |
|---|---|
| 语音流量 | 0.9~1.2K/秒 |
| 文字流量 | 1M可发约1000条文字消息 |
| 图片流量 | 根据原图质量压缩至50~200K/张 |
| 视频流量 | 根据原视频质量压缩20~30K/秒 |
| 上传通讯录 | 2K/100人 |
| 查看QQ好友<br>查看通讯录好友<br>查看附近的人 | 根据对方的个人信息完整程度决定,下载后会缓存 |

第二章：微信的迷你功能

# 玩微信"漂流瓶"的方法

操作方法如下：

①在微信的主界面点击"找朋友"→"漂流瓶"，就可以进入"漂流瓶"管理界面扔瓶子。如图：

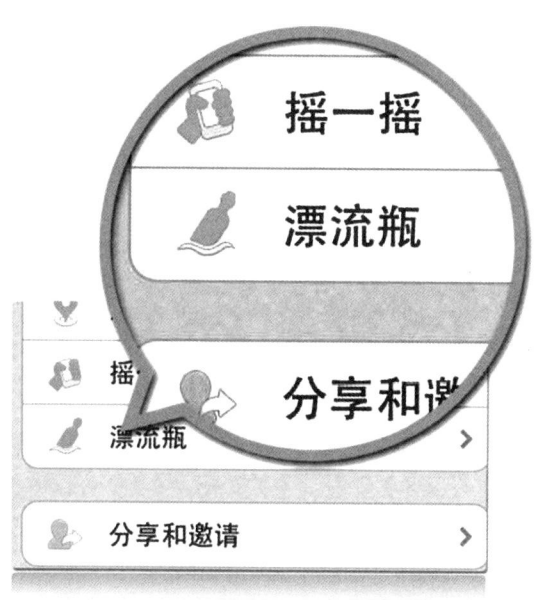

②第一次使用漂流瓶，您需要设置您的漂流瓶头像。如果没有设置，漂流瓶将会默认使用您的微信头像。如图：

③如果您的个人信息不全,系统会提示您补充完整。如图:

④进入漂流瓶界面,您可以选择扔瓶子,在其中发一段语音或者文字,您的话音或文字将被"装进瓶子扔向大海"。如图:

第二章：微信的迷你功能

⑤选择捡瓶子，您可以"从茫茫大海中捡到漂流瓶"，您可以给予回应，也可以"将瓶子扔回海里"。如果想重温之前捡到的瓶子，或者和瓶友聊天，就点击"我的瓶子"。如图：

# 通过手机通讯录找好友

在微信主界面点击"找朋友"→"查看手机通讯录"。如果用户还没有绑定手机号,系统会提示用户先绑定手机号,这样系统才能为用户找到手机通讯录中正在使用微信的好友。

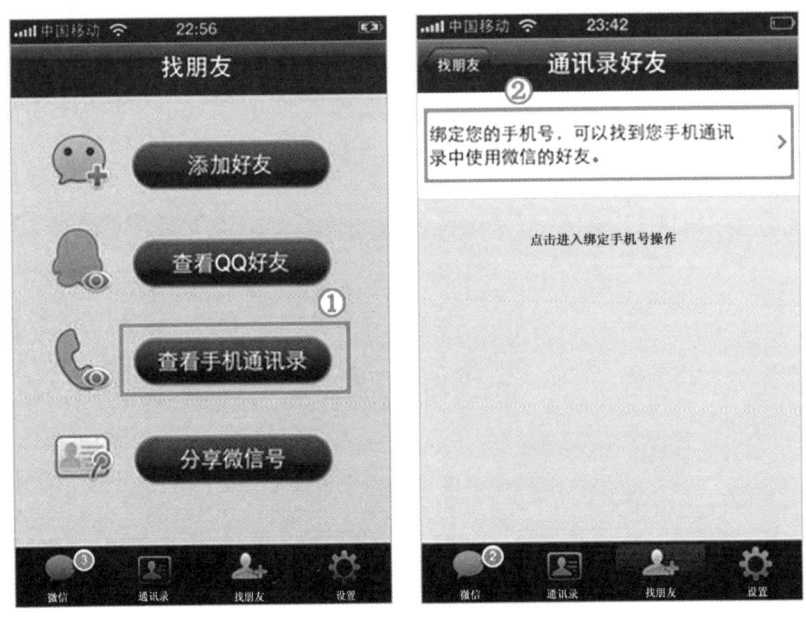

如果已绑定手机号,则会显示用户手机通讯录中正在使用和没有使用微信的好友。

第二章：的迷你功能

# 启用 QQ 离线消息插件联系 QQ 好友

微信启用 QQ 离线消息插件后,如果您的 QQ 处于离线状态,有 QQ 好友给您发送 QQ 消息,消息就会被送到微信的 QQ 离线消息插件。

您可以直接在微信里回复 QQ 好友,您除了回复文字,还可以发送语音给 QQ 好友。

第二章：微信的迷你功能

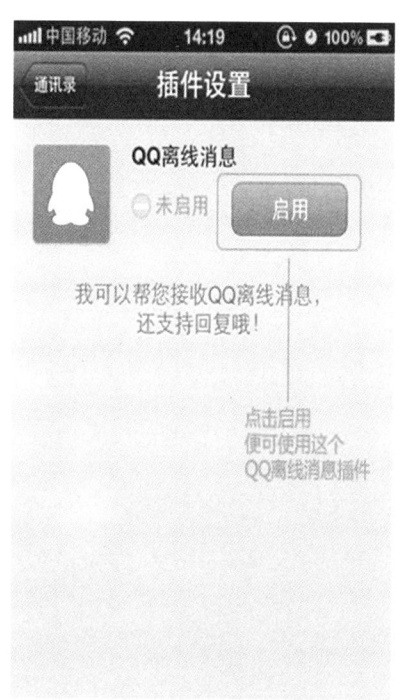

# 查看附近使用微信的人

查看附近使用微信的人,您可以在"找朋友"界面中,点击"附近的人"。方法如下图所示:

第二章：微信的迷你功能

您第一次使用该功能时，系统会提示您是否同意微信使用您的地理位置信息和补充个人信息，如图：

进入"查看附近的人"的页面，您可以查看到附近的人的相关信息，包括其性别、所在地区和个性签名，如图：

点击感兴趣的人，您可以与其打招呼与之成为朋友，如图：

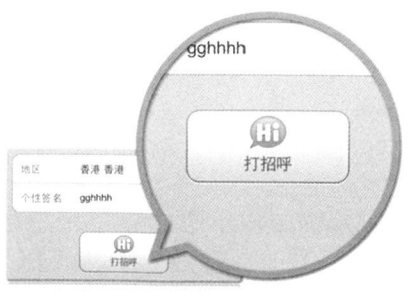

如果您不想再被附近的人查看到,可以点击列表右上角的图标以清除您的地理位置信息,如图:

第二章：微信的迷你功能

# 使用微信拍摄并发送视频

使用微信拍摄并发送视频时，您需要在对话窗口中选择拍摄视频，点击录制按钮开始录制视频。

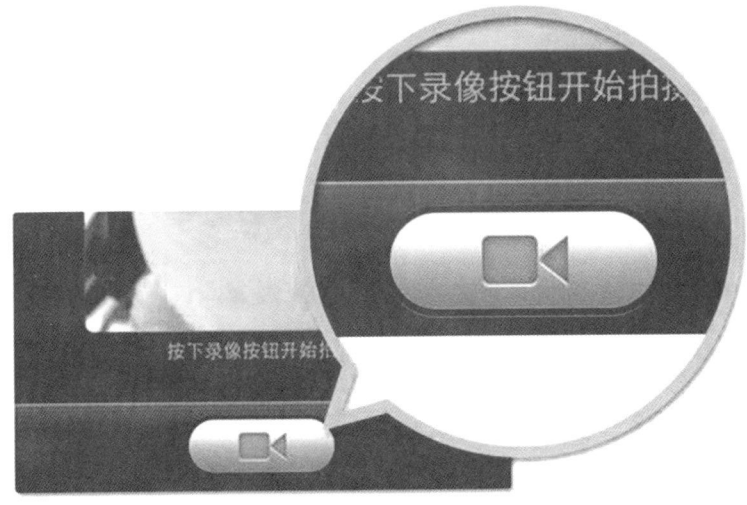

结束录制并压缩完毕后,点击播放按钮进行预览,或点击完成按钮发出视频。

第二章：微信的迷你功能

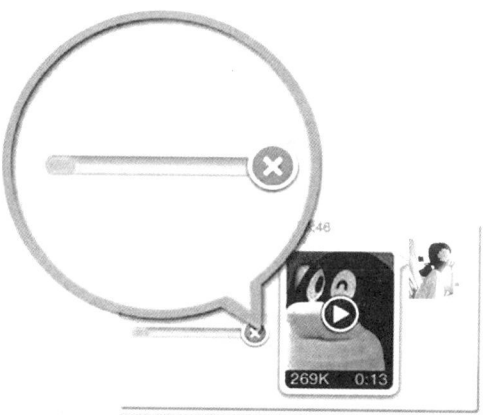

# 第三章：
# 微信广阔的"钱"景

拥有3亿以上的用户，这当然会引起创业者的兴趣。手机游戏、电商导购、专业咨询等各类服务纷纷登陆微信公众平台。一些具有远见卓识的创业者从微信中看到了广阔的"钱"景。

第三章：微信广阔的"钱"景

# 微信营销价值无限

菜鸟通过阅读微信的功能，不觉怦然心动，不过他知道，自己的这款手机已经OUT了，根本无法安装微信软件，看来这个伴随自己几年的手机也要和自己拜拜了。菜鸟是一名出色的营销员，他对自己的资金使用有着严格的规划，在他的资金使用计划中，手机更换原本在明年的预算中，可是想到张楠的桃花运，他心里就开始痒痒起来，他作出决定，必须立即购置一部上档次的手机，一定要成为微信的用户。

心动不如行动，想到就得做到。菜鸟从柜子里取出银行卡，就往附近的自动取款机走去。他在路上给小李打了个电话，谈了自己想立即成为微信用户的想法，并询问小李买一款什么价位的手机比较合适。小李回答说："就买一款4000元左右的手机吧，档次低了用起来不方便，如果你现在就买的话，就到中心广场的手机城吧，我在那里有个做手机生意的朋友，我让他按进价给你，并给你装上微信软件。"

挂了手机，菜鸟已经来到自动取款机前，菜鸟忙用卡取了4500块钱，之后打了一辆的士直奔手机城。

菜鸟刚走进手机城，就见小李朝他扬着手，大声地喊道："蔡哥，在这里呢。"

让你生活更精彩

　　菜鸟走过去，与小李稍事寒暄就直奔主题，果然人熟好办事，菜鸟只花了3800元就把手机买到手，而且没等多久，装上了微信软件的苹果手机就被送到了菜鸟的手上。菜鸟虽然花费了将近一个月的工资，可他毕竟拥有了一部新手机，更让菜鸟兴奋的是：自己终于成了微信的用户。为了让小李分享自己的快乐，也为了表示对小李的感谢，菜鸟大着胆子邀请小李去茶馆坐一坐，顺便希望向她请教一些关于微信的知识。小李没有犹豫当即就应允下来，于是两人就往附近的茶庄走去。他们点了两杯茶，要了一盘瓜子，两人一边嗑着瓜子、喝着茶，一边聊开了。两人聊了一会儿，菜鸟就将话题引到微信营销的话题上来了。

　　这个问题正好是小李的强项，因此小李就滔滔不绝地给菜鸟讲起来："微信的内容形式有文字、语音、图片等，你如果拥有一定数量的高黏性、高质量用户，在微信中进行品牌推广，一定会收到不错的效果。"

第三章：微信广阔的"钱"景

小李是个不错的宣传员，她的讲话精练，很能抓住人心，短短数语她就对微信迅速发展的历程进行了概括。接着她又说道："蔡哥，我觉得你天生就是一个营销精英，只不过你目前的工作不能尽你所长，作为一个营销工作者，一定要好钢用在刀刃上，如果你错过了博客营销，进入微博营销又太晚，那么刚刚起步的微信营销则是不可再错过的盛宴，你要迅速抓住机遇，才能赢在移动互联网上。"

"难道你认为我也应该投入微信的营销事业？"菜鸟睁大眼睛十分诧异地望着小李说。

"难道不是么？也许你目前还体会不到微信发展的美好愿景，不过你只要使用微信一段时间，你就会深有体会。"小李睁大明亮的双眼，一动不动地望着菜鸟。

这种目光让菜鸟有一种心跳的感觉，他有些羞涩，就在菜鸟心中七上八下难以平静之际，就听小李说道："其实微信，除了让我们的生活更精彩外，还有着更为广阔的'钱'景。还是刚才说过的那些话，如果你错过了如日中天的微博营销，不要紧，微信营销是不容再错过的商务盛宴，你还等什么？立即行动，快速出击！你也能在移动互联网的平台上一展'草根英雄'本色。"

# 高黏性用户商机无限

想不到时间过得那么快,眨眼之间,菜鸟和小李在茶馆就坐了两个来小时。小李抬腕看了看手上的表,突然惊呼道:"哎呀,我得马上赶回去了,明天有一个营销活动,策划方案还没做完呢。"小李站了起来,往前走了几步,又回到菜鸟跟前,从包里拿出一份资料递过去说:"哦,蔡哥,这份资料你拿去看看,也许会有用的。好啦,拜拜!"说完,小李一阵风似的匆匆离去。

菜鸟呆呆地看着小李的身影在眼前消失,这才扬手埋了单,打的回到了家。他冲了一个凉,就坐在床上。他眼前老是晃动小李的影子,突然,他想起了微信,于是他掏出手机使劲地摇了摇,很快就有人搭讪,谁知居然就是小李,小李在微信上说道:"蔡哥,那份资料你看了么?"

菜鸟这才想起,连忙说道:"还没有,我想先试一下微信的效果,想不到第一个遇上你,好,我这就看。"菜鸟及时将脱口欲出的"看来我们俩很有缘"这句话吞回肚子里,他打开床头灯,拿出了那份资料,逐字逐句地阅读起来……

移动互联网具有极强的吸引力,它打破了传统互联网的限制,各种

第三章：微信广阔的"钱"景

移动终端的普及使人们接触网络的时间得以延长，人们即便在路上都能使用互联网。

移动互联网市场用户为王的概念，其实是借鉴传统互联网的发展模式。我们看百度、腾讯，都是凭借巨大的用户数量做增值服务，互联网以用户为基础并跟进发力的盈利模式已经十分成熟。移动互联的重要特色便是用户群的迅速扩大和持续黏着，因此可见占领用户群意义非凡。

以腾讯、新浪、百度为例，三家企业花了大量时间吸引了巨大数量的用户群，并培养了用户的使用习惯，之后，三家企业都凭借巨大的用户数量做增值服务。免费聊天工具 QQ 在十几年前就风靡全国，当时不少人质疑 QQ 的盈利问题，但腾讯正得益于 QQ 积累的用户数量才发展为今日帝国级的企业。

如今，微信在腾讯资源整合条件下拥有数量巨大的用户群，其未来用户数量还将不断增长。从媒体曾爆出中国移动指责微信损害通信利益就可看出，如果用户对微信没有高度黏性，微信也不会"动了移动公司的奶酪"，"免费短信"、"免费长途语音与视频"都是微信牢牢吸引个人用户的筹码。

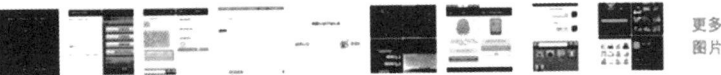

微信完全符合互联网界"用户为王"的定律，它拥有精准推送信息的特性，而不同的年龄、收入层次的用户正是商家们的目标。

第三章：微信广阔的"钱"景

# 微信可以使每个人从中获益

"微信可以使每个人从中获益"。菜鸟将这个标题,重复了一遍,心中暗自嘀咕道:不错,从营销的角度看,只有使每个人从中受益,才能给予营销者以充分发展的空间。他急切地看了下去。

微博中火了的除了明星、名人,还有各大草根账号,例如,红极一时的"冷笑话精选"等,这些草根账号为人们提供了大量富有创意且乐趣非凡的内容,从而吸引了大量粉丝。

跟微博有着相似之处,可以展开微信营销的主要有草根、名人、媒体、企业,政府等非营利性机构可将微信视作民意调查、便民服务的窗口,让沟通彻底零距离。

### (1) 草根微信

在微博世界，有的草根以晒个人生活与故事为主，因鲜明的个性与言论走红，得到几十万粉丝的关注，进而开发出其他收入颇丰的事业之路，如出书等。在平等开放的社会化媒体时代下，任何人都可以寻觅机遇，微信可以改变普通人的生活，使颇有创意的草根找到"钱"途。

当微信开放公众平台，几乎所有高人气的草根微博都建立了微信公众账号，并凭借自己的微博做推广，这些草根微信账号很快聚集了大量的微信粉丝。草根微信账号的盈利模式是可观的，待环境、时机成熟，微信将成为移动电子商务的推广利器。

### (2) 名人微信

与草根微博一样，名人也积极建立了自己的微信账号，如范晓萱、孙俪、何炅等。如果你在"添加朋友"里打开"搜号码"，直接输入他

第三章：微信广阔的"钱"景

们的名字，就可以关注他们。

### （3）媒体微信

传统媒体近几年来不断受到新媒体的冲击，电视收视率骤降、报纸订阅量大幅削减、纸质杂志经营艰难等，如何在互联网时代中与新媒体完美融合，是传统媒体一直在探索的，一些传统媒体在微博的试水中颇为成功。微信开通公众平台后，一直精耕于内容提供的传统媒体当然不会错过机会，它们纷纷开通微信公众账号，以求进一步扩大自身的影响力。

传统媒体有高黏度的群众基础，在创作内容方面有深厚的经验和人才储备，也有积淀已久的内容量可以重组输出，因而在做微信内容上占据一定优势。

目前开通微信公众账号的媒体有《腾讯新闻》、《南方周末》、《江西新闻报》、《山西晚报》、《新闻周刊》、《创业邦》、CCTV等。

企业微博曾给企业带来的利好在微信也能体现，例如，微信可帮企业塑造品牌，微信可成为企业进行市场调研与产品开发的工具，微信可使企业的客户关系管理进入更深层次。目前，各行各业都有企业涉足微信营销，这些企业都渴望在微信营销中抢占先机，并加强用户对自己品牌的用户忠诚度。对企业尤其是电子商务网站来说，微信带来的消费转化是极具诱惑力的，因为微信推送的消息可直接加入链接，用户点击链接可跳转至企业事先设定好的手机版本购物网站，使用户直接进行手机下单与消费。

"如果你的企业品牌或产品品牌再不开通微信，就很可能丧失未来的一大营销利器。"

"哦——原来如此！"菜鸟心有所悟，倘若他也能建立一个微信账号,并将所有的客户纳入,将形成微信粉丝团,那么客户有什么要求,他通过微信就能了如指掌,而公司有了新的产品,他也可以利用微信进行广泛宣传,这么一来,公司甚至用不着召开什么新产品说明会了,因为通过微信粉丝之间的信息相互传送,远比单方面的新产品说明具有更高的可信度和更广泛的宣传作用。

想到这里,菜鸟狠狠地一拍大腿,十分兴奋地说道:"嗯,不错,这微信的确有它的过人之处,看来我还得好好地琢磨琢磨。"于是,他又将目光落在资料上。

第三章：微信广阔的"钱"景

# 微信与微博的比较

微信自开通公众平台以来，一直与微博"较量"，常被评论为替代微博的新社会化媒体平台。微信与微博都可以帮助草根或企业建立与客户的直接关系，使企业掌握消费者对品牌的建议，并以内容运营模式提升消费者对品牌的忠诚度，从而扩大品牌的市场影响。那么两者之间有何不同？

### (1) 微信100%信息推送率优于微博

微信现有的传播方式主要有漂流瓶、摇一摇、位置签名、二维码扫描、公众账号、语音信息、图文信息等,这些丰富的方式强化了使用者对用户的信息推送,如同中国移动的短信与彩信业务可以100%传送到用户手机里。这正是商家梦寐以求的高传播效率。

已有诸多业内人士对微信发表评论:品牌商的信息一对一发送给客户的效果比大众媒体更好,可以不花广告费,哪里去找比微信客户关系管理成本更低的渠道?微信一对一的好友关系决定它在营销转化率方面拥有优势。

而微博的"推送信息"效果则不如微信,因为时间错位可能导致粉丝群遗漏阅读信息,很少有粉丝每天打开微博页面看所有的内容,加之微博用户可以大量关注其他微博,从几百到几千的都有。而微博首页是按照时间更新显示信息,其好处是不会给用户带来骚扰感,其劣势就是大量微博内容很难被用户看见。而微信账户推送给用户的信息则是相对独立的,不会被覆盖。

### (2) 微博与微信定位模式不同

微博的内容都是公开的(除了博主自己设定为隐私的内容),偏向媒体性质。

微信偏向封闭式一对一沟通,相当于移动时代的QQ进化产物,移动端渗透率高。所以微信营销不应该以简单的推送信息为主,而要做到与粉丝互动和精准推送。

### (3) 微博与微信的用户行为不同

微博用户的主要类型分别是自我表达型、讨论参与型、八卦议论型、社交活跃型。

微信重视一对一的封闭式隐私沟通。此外，微信用户的互动性比较显著，有网友建立了一个草根微信，经过积累，虽只有 1000 名粉丝，但单日互动消息高达 5000 多条。

### （4）平台特色不同

微博是网页端加移动端，以网页端为主，包含微博内容发布与转发等。微信是移动端加网页端，以移动端为主，包含内容一对一交流等。

### （5）品牌构建的切入点与发展方向不同

微博作为媒体平台，其传播广度和速度惊人；而微信的一对一关系更适合深入交流。

菜鸟对于微博并不陌生，他自己就开了微博，经常在微博上发表一下对生活的感受和体验，他在工作中遇到一些不顺心的事，无从发泄时，就在微博上发一些牢骚，在遇到难以解决的问题时，他也通过自己的微博请人帮忙，还真解决过一些难题。因此，对于微博，他可是情有独钟，可看了微信的优势后，他有一种移情别恋的冲动，他在心里自嘲道：亲爱的微博，不是我不想从一而终，只不过这微信的诱惑太大了，我实在是抵挡不住呀！

# 第四章:
# 微信营销必须玩转公众账号

随着微信的迅猛发展,越来越多的微信用户开通了微信公众账号,他们以"自媒体人"的形象出现在公众的视野里。他们中虽然大部分人一直处在默默无闻之中,但是也有一些人赚了钱,还有人因此成了名。

第四章：微信营销必须玩转公众账号

# 微信公众平台简介

也许是职业形成的习惯，菜鸟一见到"营销"两个字，就有一种眼热心跳的感觉，他不由得集中精力，全神贯注地阅读下去。

微信公众平台是腾讯公司向用户开放的网络推广平台，通过这一平台，个人和企业都可以打造微信公众账号，实现与特定群体进行文字、图片、语音等的沟通与互动。微信公众平台可以绑定私人账号，这样，用户就可以用手机进行信息群发。

这里重点说一下用户信息注册。

微信公众平台致力于打造真实、合法、有效的品牌推广平台，建立和维护良性互动、健康有序的平台秩序。为了更好地保障广大微信用户的利益，用户注册时需要填写相关信息。

如果你的微信公众号属于企业或组织，你可以使用法人的身份信息进行注册，也可以以管理者或主要运营者的信息进行注册。

添加微信公众号信息时，申请的中文名称是可以重复的，你不需要担心有人抢注了你的微信公众号，对于企业而言，随时进行官方认证都可以。填写好公众号信息后，你就会进入微信公众媒体的后台。这样就注册成功了。注册成功之后，你可以进入后台的"设置"板块，对微信公众账号进行头像、二维码等方面的设置。

在微信营销中，微信号和二维码是非常重要的，而微信号在设置后就不能修改了，所以企业在设置微信号的时候一定要慎重。很多企业喜欢在微信号中加入"—"之类的符号，这虽然看起来比较好看，但是非常不便于记忆，也不便于粉丝和目标人群输入和搜索。

因此，企业在设置微信号时要遵循以下原则：①便于记忆；②便于目标人群输入；③不一定越短越好，但是要尽量短；④尽量不要用各种符号。

读完有关微信公众平台的介绍，菜鸟这才对这个陌生的词有了一个初步了解。他也为自己申请了一个公众账号，作为一个微信的新用户，他觉得自己应该充分使用微信的每一个功能，只不过如何进行使用，他还真没底，于是，他继续学习起相关的信息。

第四章：微信营销必须玩转公众账号

# 公众账号打造高效互动平台

微信公众平台的开放，让菜鸟激动不已。伴随部分媒体加入微信，很多曾经玩微博的新手都转战微信公众平台。一时间，数百家媒体与公司、机构涌入，将这里开辟成除微博官方账户外的另一大互联网营销战场。

每一个人都可以在微信平台上实现和特定群体进行文字、图片、语音的全方位沟通、互动。

在移动互联网发展成熟之后，微信将会显示出更强大的价值。网络上，点击率在哪里，营销肯定就要跟到哪里。微信和微博的区别在于，微博是媒体属性的，属于弱关系，而微信发布的信息会直达手机端，属于强关系，这就要求商家发布的内容必须是用户感兴趣且乐意接受的。商家更适合把微信作为客服服务平台，以方便对客户进行回复沟通。

曾经做过微博、豆瓣小组、博客的人都清楚，只要能够将大量的网络用户组织在一起，就会产生价值，你对他们说一句话，就会产生强大的影响。而微信公众平台也是可以实现组织人气的，而且更精准，与网络用户的距离更近。

微信是社会化关系网络，注重点对点的传播，而微博是社会化信息网络，注重点对面的传播，二者各有利弊。对于研究互联网、作网络推广的人来说，必须及时体验尝试微信，与时俱进，以免一不小心落后。

微信重新定义了品牌与用户之间的交流方式。如果将微博看作品牌的广播台，微信则为品牌开通了"电话式"服务。基于这种功能，微信平台化的商业价值显然更值得期待。

看完这段资料，菜鸟对微信的重要作用，有了一定的了解，他揉了揉有些疲倦的眼睛，继续朝下看去。下面的标题让他产生了兴趣，于是他抵住了阵阵睡意的来袭，继续看下去。

第四章：微信营销必须玩转公众账号

# 微信公众账号功能及使用技巧

## （1）首页

首页显示你的待办事项，包括新消息和新订阅人数提醒。同时图表显示平台订阅人数和消息数每日（时时）变化情况。（说明：在时时消息提醒变化里面点开"查看"，如果没有新的提醒就会自动消失，直到有了新的信息提醒。）

时时信息提醒变化：

---

你有以下2个待办事项：

● 新增8位朋友

● 收到3条新消息

---

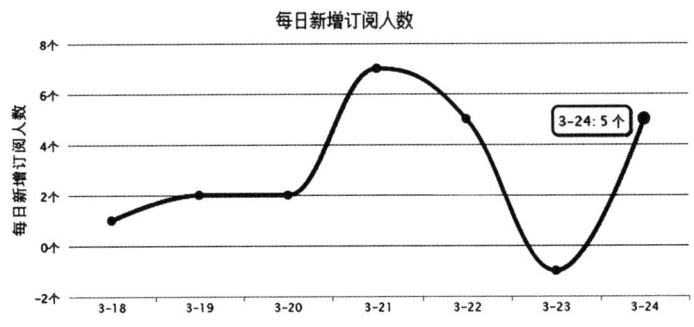

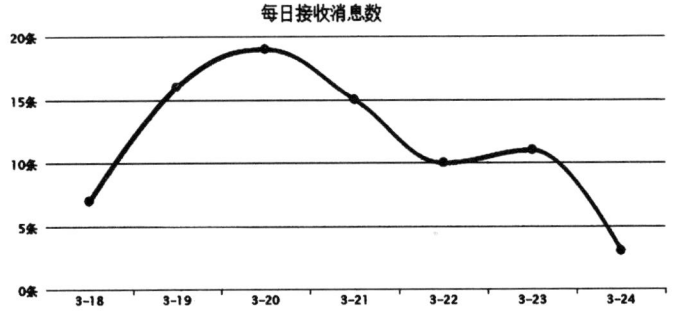

## (2) 实时消息

实时消息即订阅你的用户给你发送的消息,你可以快捷回复他们,以增加平台的互动性,也可以设置自动回复。

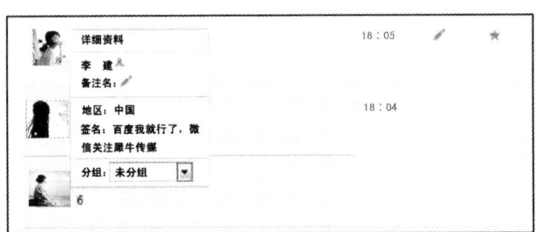

当你把鼠标放到某个粉丝头像上去的时候,你能看到他的部分信息。你可以给粉丝加备注,对消息进行标星和快捷回复。

当你点开某个粉丝,你可以查看5天内他和你的对话记录。粉丝收听你的信息是强制性的，100%会看到的，而且是一对一的展示。

### （3）用户管理

用户管理显示订阅平台的人数，通过新建分组，可以对用户的类型进行组管理。

### （4）群发消息

群发消息的实现形式有文字、语音、图片、图文消息。单击"图文消息"可以从素材库里选择已编辑好的内容发送。在"群发对象"里，可以通过选择不同的组来实现更精准的消息推送。

选中需要群发的消息之后，进行群发，可以在左侧"已发送"中查看发送状态和发送记录。

### （5）素材管理

素材管理可以用来提前编辑你要推送的内容。图片、语音、视频都可以提前上传保存在素材库里。

图文消息中，可以根据需要选择新增单图文消息或多图文消息，进行内容编辑。

下面详细介绍一下消息类型。

一是活动消息。这种消息以图文的形式出现在订阅用户的手机上，点击打开后才能显示整篇内容。需要说明的是，里面的链接地址不能以超链接的形式展现。

二是图文消息。这种消息形式可以发布自己的网站或博客链接，用户单击后直接链接到网站或博客。

### (6) 设置

在这里,你可以设置你的账号名称、头像、地区、介绍等信息,这里还会自动生成各种尺寸的二维码,可按需求进行下载。

### (7) 高级功能

高级功能是微信营销中的核心所在,分为"编辑模式"和"开发模式",其中"开发模式"是供企业微信实现 App(第三方应用程序)功能的地方,而"编辑模式"是通过规则进行的自动回复。

在"编辑模式"里面又分为"被添加自动回复"、"自动回复"和"关键词自定义回复"。"开发模式"的原理:公众平台消息接口为开发者提供与用户进行消息交互的能力。对于成功接入消息接口的公众账号,用户发消息给公众账号后,微信公众平台服务器会使用 http 请求对接入的网址进行消息推送,第三方服务器可通过响应包回复特定结构,从而达到回复消息的目的。

看完了这些资料,菜鸟脑中与微信有关的概念,初步清晰起来,他恍然大悟道:原来微信营销是一种基于朋友关系的营销,其中的一个重点就是通过口碑达到营销效果,其渗透力和互动性更强,微信公众平台将数据库完美且完整地奉献给企业主,其营销效果当然好了。想通这个问题,他又继续阅读起来。

第四章：微信营销必须玩转公众账号

# 微信用户的真实性

菜鸟沿着自己的思路继续思考：无怪乎有着"一千个微信粉丝相当于十万微博粉丝"的说法。较之微博而言，这种形容的确是恰如其分。试想如果是微博，即便关注你的有100人，而你发一条微博能被人看到的概率只有1%。而如果是微信呢，因为微信是一对多，直接到手机，信息到达和被看几乎是100%。单就这一点，微信就比微博厉害多了。

菜鸟看了一眼资料上的微信发展图，微信的发展可谓是一日千里。

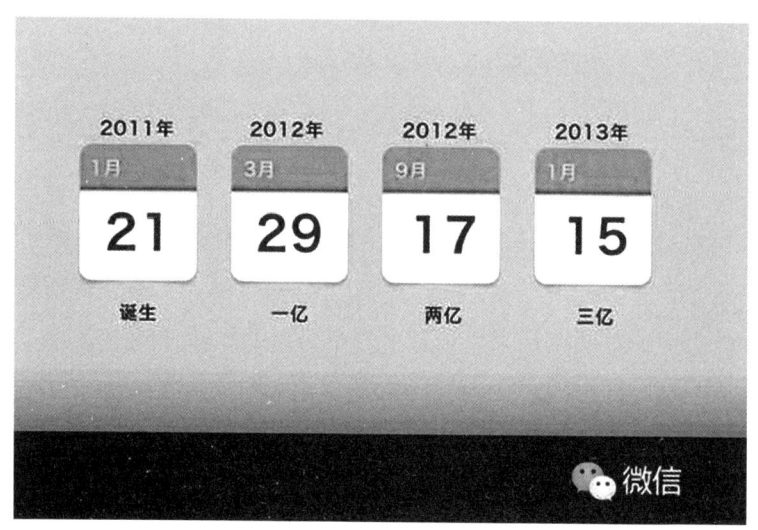

沿着原有的思路，菜鸟又想道：微博粉丝虽然获取十分容易，但却

是不可控的,因为谁也无法保证这些粉丝能够成为自己所能影响的受众,可是微信却不同,微信可以在很大程度上影响自己微信公众账号的粉丝。微信公众账号粉丝的可控性体现在其后台强大的分组功能。这个功能可以把粉丝分门别类:既可以按城市分,还可以按需求层次分,也可以按性别、年龄分等。正是这种强大的功能,才使微信公众平台高歌猛进,迅猛发展。菜鸟总算悟出了微信的快速发展之道。

第四章：微信营销必须玩转公众账号

# 微信推广运营之道

菜鸟很想弄懂微信的运营之道，因此对资料的研究也就更为用心了。

通过阅读，他得知，微信公众平台已成为目前最热的企业营销推广平台，每天都有大量互联网公司和传统企业进驻。用户使用公众账号和粉丝互动时，可以用文字、图片、视频、语音等与粉丝深入沟通。

无怪乎微信公众平台能成为不少行业青睐的平台渠道，在对客户沟通需求旺盛的旅游行业，不少企业已将微信作为移动式实时客服平台，为客户提供预订旅馆、景点门票打折等各种服务，从而为客户带来新的服务体验。比如：试水微信会员卡的汉庭卡上线90天就获得52万微信用户的关注，激活会员超过20万。

由此可见，移动互联网对于旅游酒店的营销具有极大的促进作用。国内领先的旅游网站平台艺龙旅行网在微博领域的营销一直被外人津津乐道，在微信营销的领域，其开通的微信公众号在深入运营后获得了不菲的回报，订阅用户高达几十万。

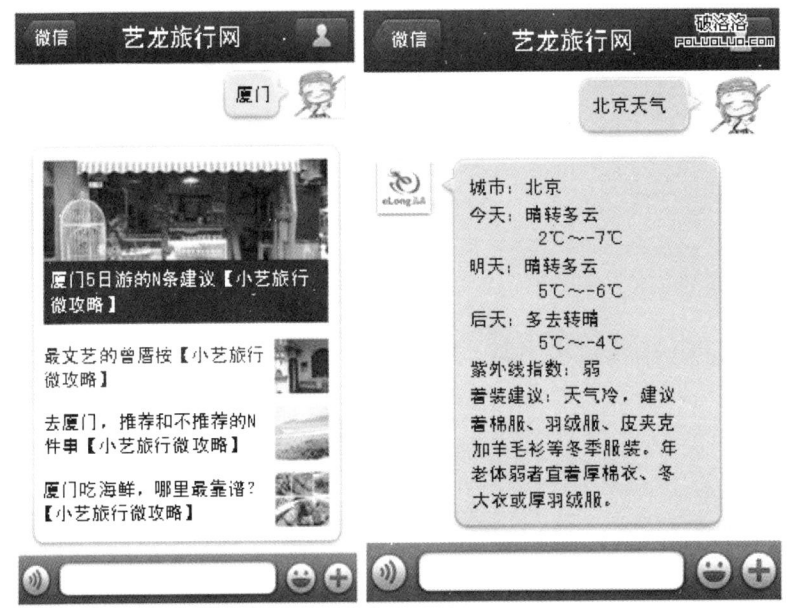

菜鸟结合艺龙旅行网的实践经验，试着解读微信公众号的推广运营之道：

## (1) 做好内容定位

微信公众平台开通以来就强调用户一定要做好微信内容的定位，必须精耕细作，无价值的内容、纯粹的广告推送，往往会引起用户的普遍反感。而良好的内容需要建立在满足用户需求基础之上，比如生活服务类的应用需求等。企业希望推送的信息应高度尊重订阅用户的意愿。拿艺龙旅行网来说，其定位就是为旅行爱好者提供服务。

## (2) 尽快完成认证

微信认证的门槛相对较低，需要有500名订阅用户，并绑定你的个人或者企业的认证微博即可。认证后支持模糊查找，用户只要输入"艺龙"就可以搜索到"艺龙旅行网"这个微信公众号。如果你确实短期

第四章：微信营销必须玩转公众账号

内无法认证，那么建议你选择易记的微信 ID 或者是申请微信公众号的 QQ 号码在 6 位之内，因为对于口碑传播来说，需要简洁、明了。

### （3）灵活利用所有线上线下推广渠道

那些拥有几十万订阅用户的微信公众号大多得益于社交平台的推广，比如人人网在短短的 2 个月就获取了上百万的真实订阅用户，转化率非常之高。

艺龙旅行网在微博、人人网等平台加上了其微信公众号的宣传，在其发布的内容中也多次通过文字图片植入其微信公众号的信息。据说，艺龙旅行网在旅行爱好者 QQ 群内的推广也获得立竿见影的效果，这些订阅用户的忠诚度非常高。同时，QQ 账号与微信的打通，大大增加了用户转化的便捷度。QQ 邮件、好友邀请等方式，都能批量实现 QQ 用户的导入。

微信公众号的线下推广也十分重要，一些营销者通过各地的社会化媒体营销的宣讲活动，给其运营的微信公众号带来不小的微信关注度。以艺龙旅行网为例，它在多个合作的酒店、机场放置自己的微信公众号二维码海报、易拉宝，通过用户"扫一扫"获优惠的方式获得了大量的新增订阅用户。

### （4）搭建自定义回复

通过自定义回复，微信路况这样的微信公众号可以实现查询周边路况、查询违章。艺龙旅行网的微信公众号里面内置了不少智能对话服务。用户发送"攻略"关键词就可以获得艺龙旅行网预设的旅游攻略。

其实这个业务逻辑很简单：用户发送请求→微信接收到请求之后传给微信公众号→微信公众号对需求做处理，返回数据给微信→微信返回数据给用户。目前通过微信公众号预订酒店的人已经挺多了，据了解，

通过微信预订酒店的用户正在不断快速增长。

### (5) 策划大量有奖互动活动

对企业类微信公众号的运营来说,活动尤其重要。比如艺龙旅行网就策划了一次非常成功有效的微信活动。这次活动的名字结合了艺龙旅行网的外号——"小艺",名为:"与小艺一战到底"。这个活动将答题赢奖品的模式植入微信中,采取了有奖答题闯关的模式,设置了每日有奖积分,最终积分最高的用户可获得丰厚大礼,这样就大大促进了活动参与者的积极性。艺龙旅行网在该活动推出后还在其微博和其他宣传渠道进行大力推广,其微信的订阅用户也同步增长,而整个活动的资金投入却比微博活动少得多,取得了不错的效果。

下面解读一下用微信开展互动活动的要点:

①规划活动前需要先了解微信订阅用户,建议进行市场调研后再策

## 第四章：微信营销必须玩转公众账号

划并进行全方位预热推广，如通过微博、线下广告等宣传微信活动的情况。

②活动运营期间，需要有专门的客服在后台记录和解答问题，引导用户积极参与活动，活动组织者可通过自定义回复不断推送活动参与说明，以利于用户快速参与。

③开发有奖问答平台，活动组织者可根据自身微信公众号的定位植入和品牌相关的问题，也可以联合其他相关品牌一起联合进行营销。

④通过设置多重奖品来刺激参与者，同时在推广渠道不断地宣传以刺激参与者的参与度。

⑤由于微信的互动是隐秘的，所以特别适合活动组织者设置和企业品牌有关的问题，可以给予首个答对者奖励，也可以设置只要答对就有积分，通过后期统计的总积分给予用户奖励。

⑥对参与用户进行分组。可以将参与用户按照性别、地域等分组，以进行二次营销。

⑦要注意互动的便利性，如用户只需要输入简单的数字或者英文即可参加。

⑧抓住节日时效性活动营销热潮。活动的策划可多与节日和热门事件结合。可采用微博节日营销活动思路来策划评估微信的节日营销。

⑨建自定义微信公众号模版。现在不少有开发能力的企业都会自己搭建基于 HTML5 的页面布局，在页面中可以构建多种功能并且展示更多华丽的视觉设计效果。

菜鸟终于对微信的运营之道有了一定的了解，尤其对于通过微信策划活动更是推崇有加。他干营销工作已有六七年，在营销上颇有悟性，也曾多次创造非常成功的业绩，他在心生感叹之余，又将目光投注在资料上，下面的内容又吸引了他的眼球。

# 如何增加粉丝活跃度

菜鸟很想弄懂如何增加微信粉丝的活跃度,对此,可从以下四大方面入手:

## (1) 栏目设置

不光企业,任何人要想玩转微信公众平台一定要考虑"栏目"的问题,也就是考虑自己的目标人群希望看到什么样的内容,要便于目标人群阅读和选择,方便他们看到,用户体验要好。

一般来说,企业在设置栏目的时候都会以产品、资质、获奖、联系方式等多个方面进行设置,这就不用多说了,设置者要重点考虑如何让粉丝看到这些栏目。除了每天通过群发推送信息告诉粉丝有哪些栏目外,还要考虑粉丝如何能一下看到这些栏目,也就是说让粉丝提到什么就看到什么,比如粉丝说"资质",就可以让他看到有关企业资质的内容页面。这就要靠关键词的设置了。关键词的设置越细越好。

## (2) 栏目内容

微信上的内容可以有文字、图片,可以有语音、视频、音乐,可以单独一个图文信息,可以一下发多个图文信息。

第四章：微信营销必须玩转公众账号

在栏目内容方面也是有很多技巧的，比如有的企业每天用美女给粉丝报道相关资讯，比如有的企业把自己的微信公众平台整理成媒体模样。总之，企业可以充分挖掘自身的策划能力，要有个性，要让粉丝满意。

### （3）提供的功能要符合用户需求

企业要充分考虑目标人群的需求，比如学校的微信公众平台可以有翻译功能，制造业企业可以有股票查询功能。

对于志在建立自身品牌的企业，要设置和自己息息相关的个性化功能，比如招商银行的余额查询功能，南航微信开通办理登机牌功能等，都对品牌的推广有巨大的作用。

### （4）策划活动和话题，与粉丝互动

微信是私密的一对一互动，所以企业进行微信营销的时候最好用"我和你"来沟通，而避免"我和您"、"我和你们"的方式，要让粉丝感觉你和他是单独交流，是朋友。

# 维护老客户,升级感情

对于企业而言,维护老客户的成本要远远小于开发一个新客户,而微信营销既能开发新客户,又能维护老客户。

企业都会比较注重产品和品牌的宣传,通过不断开发新的产品,琢磨下一步的广告战略等获得更多的收益。在客户维护方面,获得新客户固然可喜,而老客户的忠诚才能让企业立于不败之地。

建立一种稳定的客户关系非常重要。菜鸟在给客户提供产品、提供服务的时候,虚心听取他们的意见和建议,从而提升企业的服务质量,提高企业的竞争力。对于快消品而言,体验促销优惠会削减利润,甚至赔本赚吆喝,这样做无非是为了获取更多的新客户,但是这样的事情往往不赚钱,要想赚钱也要等这个客户的第二单生意。可见,如果没有搞好与这些老客户的关系,前面的亏本买卖就白做了。

维系与老客户的感情,在微信出现之前,菜鸟能做的非常有限,只有下面这些。

①利用类似QQ群等组织。这种方式人少没效果,人多就口杂,非常不好控制,而且是一对多的形式,没有亲和力,甚至会降低客户忠诚度。

## 第四章：微信营销必须玩转公众账号

②利用短信群发。这种方式内容少，成本高，不好时时控制，而且话题方面往往是过节祝福等"套词"。

③利用邮件群发。这种方式内容丰富，对客户干扰小，但是转换率低，产生的作用微乎其微。

④利用各种客户管理软件。这种方式还算不错，但是比起微信，在内容、栏目、功能、用户体验等方面就差太远了。

其实，微信营销的核心是让粉丝充分依赖企业的微信公众平台，这种依赖就是维护老客户，增进感情。

美国《哈佛商业评论》杂志发表的一篇研究报告指出，多次光顾的顾客比初次登门的人可为企业多带来20%~85%的利润。因此，善于经营的企业要根据客户本身的价值和利润率来细分客户，密切关注高价值的客户，可巧妙利用奖品吸引其关注，通过互动来提高微信粉丝的活跃度，提升微信公众号的粉丝质量。

# 玩转微信的七点技巧

玩转微信需要哪些技巧呢？

## （1）鲜明的头像

就像作微博营销需要有特色的鲜明头像一样，企业微信营销的第一个技巧就是设置好的头像。一般草根微信都采用比较个性的头像，有些很夸张怪异，企业则要稳重一些，因为头像代表的毕竟是企业而不是个人。企业最常用的，就是企业的LOGO、企业的名称等，这些能让人一眼就认出你的企业。

## （2）使用位置签名

微信结合了LBS（基于位置的服务），其"朋友们"选项卡中有个"附近的人"，用户可以通过它查找自己所在地理位置附近的微信用户。系统除了能显示附近用户的姓名等基本信息外，还会显示用户签名档的内容。商家也可以利用这个免费的广告位为自己做宣传，甚至打广告。这个位置签名是企业必须好好利用的，这也是一个技巧。

## 第四章：微信营销必须玩转公众账号

### （3）推销自己二维码

现在微博上很多大号，无论是企业还是个人都在积极地宣传自己的二维码，推广自己的微信。在微信中，用户可以通过扫描二维码来添加朋友、关注企业账号。因此，企业可以设定自己品牌的二维码，用折扣和优惠来吸引用户关注，开拓O2O（Online To Offline，即将线下商务的机会与互联网结合在一起，让互联网成为线下交易的前台）的营销模式。

### （4）平台开放

利用微信开放平台，应用开发者可通过微信开放接口接入第三方应用，还可以将应用的LOGO放入微信附件栏中，让微信用户方便地在会话中调用第三方应用进行内容选择与分享。

### （5）玩转漂流瓶

漂流瓶的主要功能和玩法："扔一个"，用户可以选择发布语音或者文字，然后投入"大海"中，如果有其他用户"捞"到，双方则可以展开对话；"捡一个"，顾名思义则是"捞""大海"中无数个用户投放的漂流瓶，用户"捞"到后也可以和对方展开对话，但是每个用户每天只有20次捡漂流瓶的机会。

### （6）广告可以用说的

用户偶尔会厌倦打字发短信，发视频又过于耗费流量，既如此，用微信发送音频信息，就确实是省时省力又省钱的信息传递方式。

### (7) 微信公众平台

每一个人都可以打造自己的微信公众号，并在微信平台上实现和特定群体的文字、图片、语音的全方位沟通、互动。

菜鸟将资料看完，似乎还意犹未尽，这些资料令他受益良多，尽管如此，他还是感到有所不足。

菜鸟倒了一大杯凉开水，几口就喝干。这是菜鸟独有的促进思维活跃法，他觉得自己有必要收集一些相关的资料，可是从哪里能获得那些东西呢？他稍稍沉思一阵，脑中又浮现出小李的身影，他想，何不问问小李？于是他准备给小李打个电话，可将手机拿在手里时，他又有一个主意，何不再次使用"摇一摇"功能？假如又能和小李撞上，就说明自己和她有缘，说不定她就是自己生活中的另一半。想到这里，菜鸟不由得感到一种莫名的激动和兴奋，他感到自己的心正在"扑通扑通"地加速跳着，他摇了摇手机，突然，他看见小李那熟悉的头像。他正想问候小李一句，就听手机里已传来小李悦耳的声音："蔡哥，资料看了么，感受怎么样？"

菜鸟在激动之余，一时说不出话来，他用了好大的劲才将心情平静下来，接着说道："感受颇深，只是你那里有没有比较详细的实战案例分析资料呀？"

"案例分析？"小李在手机里重复了一句，突然兴奋地说道，"有！有！我就发过来。"

# 第五章：
# 微信营销实战案例分析（一）

微信营销是网络经济时代企业对营销模式的创新，是伴随微信产生的一种网络营销方式。微信不存在距离的限制，用户注册微信后，可与周围同样注册微信的"朋友"形成一种联系。用户可订阅自己所需的信息，商家可通过微信提供用户需要的信息，推广自己的产品，进行点对点的营销。

第五章：微信营销实战案例分析（一）

# 星巴克——餐饮微信营销专家

菜鸟知道星巴克（Starbucks）是全球著名的咖啡连锁店，其因独特的文化与经营模式被奉为全球经典品牌范例。星巴克在微信中开启了创意营销，其在微信中不是简单推送产品，而是像实体店那样给用户打造融视觉、听觉、惊喜于一体的"特别感觉"。

星巴克中国二维码

在中国，星巴克的目标是为白领提供时尚的社交场所。与其市场定位相适应，星巴克总是出现在大都市的繁华商业区。相应的，星巴克的价格定位是："多数人承担得起的奢侈品"。它秉承"努力工作，积极享受生活"的价值主张。从品牌角度来看，星巴克的营销方式可以说是文化营销。文化营销是在产品营销的基础上，通过产品所附加、覆盖的各种文化元素，与消费者产生心理、精神的共鸣，进而从消费者内心深处影响、引导消费者行为的深层次营销方式。

那么，星巴克是怎么做好微信营销的呢？主要有以下几点：

### (1) 星巴克微信的定位

星巴克新闻发言人曾指出："星巴克企业发展战略向来注重数字媒体与社交媒体，并一直走在科技与时尚的前沿，身体力行打造新鲜时尚空间。星巴克官方微信平台就是企业数字化战略中重要及坚实的一步。"

在微博平台上，星巴克更多分享星巴克的品牌故事、有关产品的介绍和与粉丝进行生活态度的交流；在微信平台上，星巴克更注重与粉丝一对一互动。

在星巴克看来，微信代表着一种生活方式，微信不但为人们提供丰富的聊天模式，更拉近了人和人之间的距离，让新时代的社交变得更自由。星巴克微信账号秉承了星巴克"连接彼此"的企业文化内涵，努力促进人们真诚交流，并随时随地给用户带来美好生活新体验。

### (2) 星巴克微信账号推广手段

自星巴克官方微信账号开通之日起，星巴克通过微博、星享卡会员项目、全国连锁门店、平面媒体等多个渠道，把其微信账号推广出去。

## 第五章：微信营销实战案例分析（一）

### （3）微信活动创意引爆互动体验

与用户互动是微信的最高价值所在，星巴克抓住了互动这个关键点，充分尊重与放大使用者的选择权，开展了多次富有创意的微信活动，并且每场活动基本上都是微信与微博双联动。

**活动一：用音乐敲开微信粉丝心门**

2012 年春，星巴克正在策划夏季冰摇沁爽系列创新饮品的上市计划，其团队为配合这个系列饮品想到的创意点是"令客户感觉全身被激发和唤醒"。为了给客户传输这一感觉，星巴克一直在探讨用什么载体可以实现，最终确定用音乐以及当时还未走红的微信营销。

2012 年 8 月，临近学生开学的时候，星巴克根据计划创意打出了"自然醒"主题。用户加入星巴克中国的微信后，随意发一个表情符号，星巴克微信就会推送给用户独家的《自然醒》专辑的音乐。"微信粉丝只要发一个表情符号给我们，无论是兴奋、沮丧或忧伤的，立刻能获得我们按其心情特别调制的音乐曲目，从而和星巴克展开一番内容丰富的对话。"这是星巴克设计这场活动的创意点，活动通过将表情符号设为关键词进行自动回复来实现。

这样与用户一对一互动，通过设置了解用户的心情（表情），推出"个性化"的音乐来打动消费者是一个值得参考的有趣案例。这次活动中，星巴克中国的微信账号，每天平均收到 2.2 万条信息，用户基本以参与表情互动为主。

那么，用户对星巴克这样的微信营销有什么体验感受呢？一位用户说："与其一味强制推送，先做好沟通打破壁垒更重要，打破壁垒的关键在于从客户的需求和属性出发，再找到合适的契机融合产品属性。"另一位用户反馈："我认为语音是微信真正有别于微博的点。微信可以玩成一个社会化的移动个性定制电台。星巴克的这种对社会化媒体的认知与理解、投入与创意,让人不服不行。"

**活动二:星巴克早安闹钟**

2012年10月,为推广早餐新品在全国星巴克门店上市,星巴克创意地推出了"星巴克早安闹钟"主题手机App应用,以帮助消费者培养良好的生活习惯为切入点,鼓励消费者坚持早起不赖床,在独特的星巴克音乐体验中开启美好的每一天,尽享乐活欧陆风。

2012年10月8日起,"星巴克早安闹钟"活动在微信与微博同步宣传。粉丝只需下载或更新"星巴克中国"手机应用,每天早上7~9点,在闹钟响起后的1小时内到达星巴克门店,就有机会在购买咖啡饮品的同时,享受半价购买早餐新品的优惠。

一杯星巴克咖啡饮品,由专业的星级咖啡师精心调制,再搭配上可口的可颂、三明治或意大利夹饼,不仅口感更佳,而且低脂、营养健康,让人在独特的星巴克体验中迎来活力充沛的一天。

"星巴克早安闹钟"活动,巧妙之处在于紧密与生活相结合,以可以帮助消费者培养良好生活习惯为切入点,而消费者也不会抗拒有活动提醒自己早起保持健康。

**活动三:圣诞节"魔力星愿12天"**

为了迎合圣诞节,星巴克在2012年11月6~30日推出"魔力星愿店",在微信上策划"魔力星愿12天"活动。"魔力星愿店"的创意来自于星巴克想把真正的圣诞节传统带到中国,而它并不是平安夜或圣诞节去吃大餐、看电影,互赠礼物给亲朋好友这个环节也很重要。星巴克期望通过送礼建立与消费者之间的情感,并且真正将线上的星愿转化成现实星愿:去星巴克买一份有意义的礼物送给朋友。在这个活动中,每一个货架上的礼品你往下拉动都会有一个产品故事,比如,关于友情、亲情、爱情等。用户可以通过手机或网页版登录参与这个活动。不仅如此，粉丝通过分享页面，在活动期间去星巴克买商品的时候可以获得一份小礼物。

12月1~12日，"魔力星愿12天"活动期间，关注星巴克微信的粉丝可以通过在微信上的回复互动，获得独家优惠，每天优惠的都是不一样的内容，如咖啡杯、咖啡粉等。同时，星巴克还设定了星巴克的专属手机壁纸12份，用户回复数字1~12即可获得。

这次微信活动的推广渠道有微博和实体店。所有星巴克门店中每个实物杯子前都会有一个二维码小礼盒，顾客进店就可以扫描进入。据星巴克自己统计，很多消费者都扫描了二维码，积极参与"魔力星愿12天"活动的粉丝大部分都是实物杯子二维码扫描者。

最终，"魔力星愿12天"收到很好的效果，仅2012年11月30日一天，几小时内，星巴克官方微信就收到了近38万条粉丝发送来的消息，微信粉丝活跃度非常高。同时，通过优惠券在实际门店购买商品的客户量也很可观。

星巴克微信能在用户离开店面之后，继续贴心地关心他们，并为他们提供各种富有价值的互动。全新的互动方式和独特的真实关系，就像浓郁而悠长的咖啡香味，一直伴随在用户身边。用户也在这样的体验中，产生更多消费欲望。

# 酒店微信营销:布丁酒店

布丁连锁酒店是时尚、新概念连锁酒店,在全国32个城市已经有超过200家门店。布丁酒店主要客户群体是年龄18~35岁,月收入2000~6000元,喜欢新潮、理性与互联网的青年群体。

布丁酒店早期开发了手机App客户端应用,这款App结合地点服务和城市生活资讯的酒店预订,提供覆盖全国26个城市的布丁连锁酒店的查询,能自动识别用户当前的位置,或据指定位置查找最近分店,支持会员储值卡支付,实时房态立即确认,让用户出行无忧,入住便捷。2012年11月,布丁酒店宣布其微信客户端订房功能正式上线,用户可以通过手机微信随时随地预订布丁酒店客房。

第五章：微信营销实战案例分析（一）

根据艾瑞电商数据显示，布丁酒店的微信会员卡在一个月左右的时间吸引的会员已经达 17 万，线上来源与线下来源比例是 7∶1；每天来自微信会员的订单达 100~130 个，其中新增会员占多数。截至 2013 年 1 月 3 日，布丁酒店微信用户总数超过 25 万，日均增长会员数逾 4600 人。在 2012 年元旦假期三天，微信为布丁酒店带来总计 1072 个订单。

可见，微信给布丁酒店带来了实际的经济效益。而另一家规模更大、品牌认知度更好的连锁酒店汉庭酒店也取得优异的成绩。汉庭的微信会员卡上线不到一个月便增加 40 多万粉丝，微信每天为汉庭带来的订单有几百个。

### (1) 布丁酒店微信定位

布丁酒店的微信定位是 App 型生活服务应用。布丁酒店的主要客户群体是年龄 18~35 岁、酷爱享受时尚生活的年轻人，这与微信主要用户有着相同之处。

第五章：微信营销实战案例分析（一）

用户只要使用微信扫描布丁连锁酒店微信二维码或者在微信通讯录上搜索"布丁"或者"布丁酒店"，就可以在公众账号中找到它，从中不仅可以查询布丁酒店"实时房价"、预订"酒店房间"，管理"我的订单"，还能看到其他用户的评论信息及酒店图片等，成功预订还可享受房价9.2折，每张订单再减10元，每次入住可获赠热饮一份等微信会员特权优惠。

布丁酒店为什么开通微信预订？

首先，"腾讯的品牌影响力、会员基数、技术能力、产品客户体验的功力"让布丁酒店对客户通过微信预订酒店的前景看好。布丁酒店非常认可酒店将微信作为与客户沟通的渠道。可见，酒店行业可通过微信与客户进行沟通，通过微信获得客户的想法、诉求，与客户保持良好的沟通对于初次预订和二次预订都至关重要。

其次，相比酒店开发独立的预订App，利用微信预订酒店的技术门槛比较低。酒店独立开发App，一方面开发成本比较高，周期长，版本更新更是长期的工作，而单体酒店或小型连锁酒店难以承担长期的资金投入。

## （2）布丁推广微信渠道

对于通过微信预订酒店，布丁酒店除了利用微信等作宣传推广以外，还通过易拉宝，在酒店大堂展示二维码、宣传册等形式来进行宣传推广。2013年初，布丁酒店甚至将微信宣传做到了房间床头贴上，推广力度越来越大，如扫描布丁酒店二维码即可获赠100元布丁电子优惠券礼包，享订房9.2折优惠，每张订单再减10元。显然，酒店和腾讯双方都在尝试采取各种手段吸引用户利用微信进行预订。

### （3）微信活动颇有创意

作为一款 App 服务类微信账号，布丁酒店曾打破常规地推出以"2012 世界末日"为主题的微信活动。该活动游戏规则是，2012 年 12 月 20 日，11：00～20：00，每小时放出一个"世界末日避难点"，用户可输入手机号抢占，先到先得。当用户输入手机号成功抢占后，可凭手机短信及身份证于当日前往既定"避难点避难"，到达"避难点"后无需任何费用，只需要携带洗漱用品。可以看出这是一个以"末日"为噱头的活动，"避难点"实际上就是布丁在各城市的酒店地址，发送手机号中奖的微信用户就可以免费入住一晚。

2013 年 1 月 3 日，布丁酒店又推出一场"520·真爱房"活动。2013 年 1 月 4 日的谐音是"爱你一生一世（201314）"，这个日子让不少网民都沸腾起来，布丁酒店趁势推出"真爱房"，把房号为"520"的房间作为奖励送给中奖的微信粉丝，当天入住参与活动门店房号含"2"的"有爱房"都能免费延时到 15：20 退房。在这场活动中，参与的微信粉丝达 3 万人次。

第五章：微信营销实战案例分析（一）

# 银行微信客服：招商银行

当高速便利的互联网给金融业打造品牌、精准营销、提升影响力提供良好的平台的时候，网上的证券交易、电子商务、在线支付等也都进入了快速发展的轨道。金融品牌往往会在传统媒体上投放广告，以塑造严肃、理性的品牌形象。新媒体的出现，特别是互联网用户与金融产品用户的高度重合，使得金融品牌需要朝着更加互动、整合、轻松的方向进行营销。

招商银行作为中国政府推动金融改革的试点银行，一直在中国金融企业的发展中扮演着创新者的角色，并且在新媒体与社会化媒体营销中走在金融行业的前列。

在微博营销领域，招商银行利用微博平台与消费者真诚沟通，在微博内容和活动上努力为金融客户提供服务，加强微博客服，利用微博建立良好的公益形象，成为金融业微博营销的标杆。在微信领域，招商银行也不甘落伍，率先做出了行动。

那么，招商银行是怎么做好微信营销呢？

## （1）招商银行微信定位

招商银行微信定位主要是客户服务。金融业作为一种特殊的服务

业,与客户的接触是其展示品牌形象、传播品牌价值最常用的途径。金融产品的差异性较小,任何产品上的创意都很容易被模仿,而品牌不是短时间能够建立的,因此,通过全面了解客户,为客户提供独一无二的品牌服务感受,在其心中占据独特品牌地位,赢得客户心理是重要的品牌塑造法则。而招商银行正是通过微信这一对一平等沟通的绝佳移动平台,实现了与客户的全面接触与服务。

(2)招商银行高效服务客户

招行信用卡中心的微信公众号推出微信客服号,设置自动回复与人工回复,人工回复可以在线解决用户问题。

此外,招商银行客服账号推出可查询账户余额的功能,用户绑定自己的微信号和信用卡信息(通过弹出页面提交身份证、护照等有效证件的信息)后,可以查询信用额度,招商银行依托微信这一平台建立客服应用的解决方案可以说给国内金融服务行业作出了榜样。

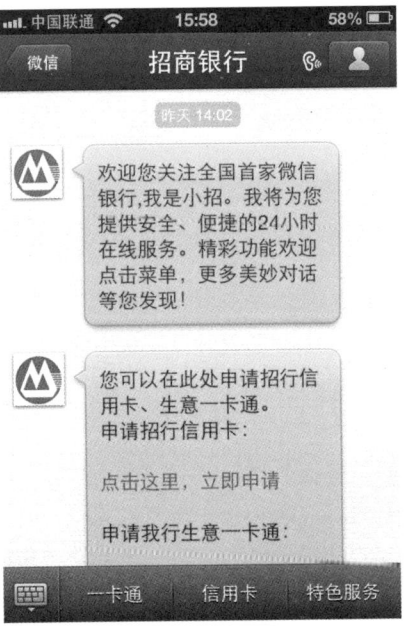

第五章：微信营销实战案例分析（一）

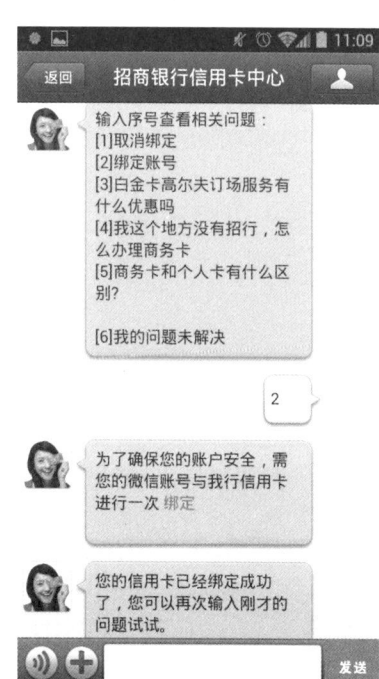
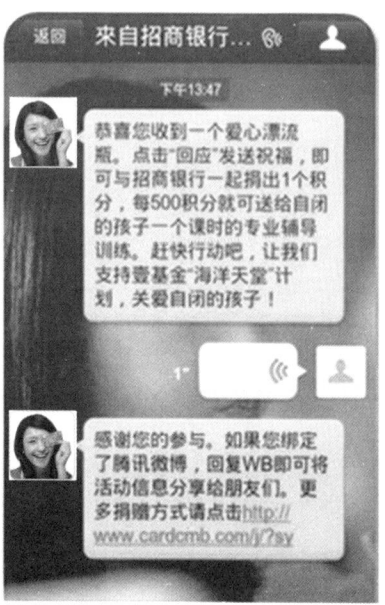

# 小而美的杭州微信车队组织

周末下午4点多,司机A师傅在杭州机场出租车入口处静静地等待。几分钟前,他要接的客人的飞机已经降落。这位客人是用微信向A师傅订车的,司机A师傅车上的装备也令客人感到新奇——挂在前挡风玻璃左侧的智能手机、微信耳机和充电器齐全。等红灯的时候,司机A师傅会用微信在司机群里和大家交流下路况以及拉活儿的情况。

上面这个案例讲的就是杭州微信车队——其成员全是杭州的出租车司机,他们隶属于不同的出租车公司,他们通过微信接受客人的预约订单,并且用微信调配车辆,不仅工作效率高,司机们的整体月收入也提高了。

## (1) 自发的民间组织

尽管杭州的微信车队是松散的民间组织,但是其每个微信车队成员必须遵守一些严格条规,以提高效率和服务质量,这样才能让团队成员整体收入提高。一是入会的成员必须能熟练地使用微信;二是加入微信车队的司机要经历3个月的考察期,在此期间如果有服务水平不好,或者遭到顾客投诉的情况,就会被开除出这个群体;三是在拉活的分配上，大家需要服从整体分配，为整体品牌着想。无论车程远近，只要接受了顾客的预约，团队成员必须去执行。

杭州微信车队很快名扬全国，大公司们也主动为他们提供帮助。微信研发团队了解到杭州微信车队的故事后，赠送了他们200副微信耳机，司机在开车时可以线控推送语音，行车更加安全。支付宝也找上了他们，乘客下车时只需用手机往司机的支付宝里划款即可。

### （2）轻盈的自我管理和修复机制

其实微信车队高峰时期有200多人，但是在发展的过程中，有的团队成员离开了，有的司机另立门户成立微信群，这一切都是这个松散的民间组织的自我调剂行为，经过外部的充分市场竞争和组织内部的自我修复，那些稳定下来的组织最终将达到小而美的平衡。

### （3）社会化协作的开始

实际上，对于出租车服务的社会化协作，也有商业机构涉足这个市场，它们可以提供更好的技术后台、统一的客户服务，但是其社会资源整合的成本高于微信车队的自我管理成本。微信车队和这些商业机构代表着两种社会化协作的力量：一种是民间社会资源的自组织，团队成员在明确的共同目标下实现较为和谐的自我协作；另一种是商业化机构的运营，其往往需要进行资金投入。相比之下，微信车队的组织内调剂和协作是一种小而美的社会化协作模式。对于微信车队来说，微信是一个社会化工具，它让这些隶属于不同出租车公司的司机们开始了一段很酷的社会化协作之旅。

# 媒体微信运营：
# 《半岛晨报》与《钱江晚报》

在新媒体试水中，《半岛晨报》与《钱江晚报》可是抢尽了风头，它们及时开通了微信，请看下面的介绍。

### (1)《半岛晨报》

每天120多条信息在《半岛晨报》的微信中传递，近百名网友申请加入平台。像遭遇街头骗局等有分量的新闻线索都是从微信转到报纸，从而传递给每一位读者。自2012年8月28日起，《半岛晨报》联合腾讯微信推出微信报料互动平台，仅4个月，《半岛晨报》微信（以下简称半岛微信）粉丝已突破1万人，位居全国都市报官方微信前10名。图片、音频、视频，多种多样的报料形式开创了全新的报料模式，这立即引起网友的极大关注。大量鲜活的独家微信线索被采用，在报纸和网络中被同步刊发。

微信报料互动平台开通以来，最高峰时一天收到信息214条，2012年感恩节的前一天有216人订阅半岛微信。

此外，半岛微信平台还推出"发现城市另一面"、晒晒"双节福利"、光棍节、感恩节等主题活动,深受网友喜爱。有120多家国内平面媒体认证微信官方账号,其中,都市报占1/3,在众多都市报官方微信平台中,《半岛晨报》的粉丝数量和经营情况位居前10名。

### (2)《钱江晚报》

2012年7月,《钱江晚报》的微信升级为认证账号并正式对外推出。开通两天之后,其订阅用户达1200人。从2012年8月初开始,《钱江晚报》进行每日定时推送3条微信。在运营两个月之后,其用户粉丝增至4033人,三个月之后,粉丝增至8360人。到2012年末,粉丝有11 000多人。

《钱江晚报》是微信公众账号中在创意上颇下功夫的媒体,自开通以来,尝试了多种微信内容创新与活动:

①2012年10月5日,在报纸上报道了武林门女装街用微信招揽客户,配上了两个名人微信和自己的微信二维码,通过报道引导尝鲜者成为其微信的粉丝,吸引了600个粉丝。

②2012年10月15日,首次尝试明星语音模式——把作家九把刀的语音问候推送给所有微信粉丝,吸引了上百条回复,这是在正常新闻资讯难以引起用户回馈时最有效的方式。之后,《钱江晚报》分别邀请了延参法师、成龙、白先勇、华少等10余位名人在其微信留下语音,由《钱江晚报》公众账号推送。在这些名人之中,粉丝回复最多的是延参法师,达到300条回复。

③2012年10月20日,《钱江晚报》率先在微信发起一场活动——"用微信玩一回'浙江方言好声优'",趁"元芳你怎么看"大热,呼吁网友一起用方言来念这段话,获得有效回复300条。这样的成效令《钱江晚报》团队很欣喜,他们立即跨部门成立微信运营团队,编制为:资

讯组 3 人（负责策划推广和后台推送，考核是每次发送有 10% 的回复率）、客服组 2 人（负责查看和回复粉丝消息，考核是每条 100% 回复率）。

④2012 年 10 月 28 日，发起微信沙龙活动，邀请了腾讯、电信天翼阅读、省旅游局、天下网商、传媒梦工场、FM93 等开展微信沙龙。在这次沙龙上，各界人士纷纷发表了看法，随后，《钱江晚报》将演讲《微信：如何挖掘大数据金矿》、《半成品微信会员卡：应从多多益善走向朝朝暮暮》整理成文字，获得行业认可。在这次沙龙里，广播业透露其取得的成绩更优异，微信给广播业带去的优势十分明显（广播与语音的亲近性），微信不仅为其吸引了大量微信粉丝，这些粉丝每天用微信语音带去的内容，让电台播出节目时的内容来源增色不少。

从《半岛晨报》与《钱江晚报》的微信运营来说，其前期势头是良好的，传统媒体开通微信，主要是为了获取更高的曝光率和传播率，以求更加贴近用户真实生活，为媒体的取材与调研提供更强大的数据库与信息库。但传统媒体运营微信也遇到了瓶颈，如内容同质化严重、用户好奇心下降、用户粉丝数量后期增长幅度缓慢等，这说明这些媒体只有运用更多的创新手段才能保持用户对其的高黏性。

# 第六章:
# 微信营销实战案例分析(二)

微信营销应用广阔,可以说,在这个微信的时代,微信营销攻势势不可挡。

第六章：微信营销实战案例分析（二）

# 营销利器之漂流瓶

说到漂流瓶，菜鸟并不陌生，他马上想到QQ的漂流瓶，QQ漂流瓶的效果不错，微信漂流瓶怎么样呢？

微信漂流瓶的简单玩法是这样的。"扔一个"，用户可以选择发布语音或者文字然后"投入大海"中，如果有其他用户"捞"到则可以展开对话；"捡一个"，是"捞大海中"无数个用户投放的漂流瓶，"捞"到后也可以和对方展开对话，但是每个用户每天只有20次捡漂流瓶的机会。

小小漂流瓶，如果企业善于利用，同样可以收获不错的效果。

## （1）招商银行的"爱心漂流瓶"

招商银行发起了一个微信"爱心漂流瓶"的活动。微信用户使用"漂流瓶"功能捡到招商银行的"漂流瓶"，回复之后招商银行就会通过"小积分，微慈善"平台为自闭症儿童提供帮助。贡献自己的一份爱心，这种简单却又可以做善事的活动，颇为吸引人。

微信官方可以对漂流瓶的参数进行更改，使得合作商家推广活动中某一时间段内抛出的"漂流瓶"数量大增，而普通用户"捞"到的频

率也会增加。"漂流瓶"模式本身可以发送不同的文字内容甚至语音等，如果商家营销得当，能获得不错的营销效果。

在招行展开这项活动期间，微信用户每捡 10 次漂流瓶基本上就有一次机会捡到招行的"爱心漂流瓶"。但这种漂流瓶存在过于频繁且缺乏一定灵活性的不足，容易让用户产生参与疲劳，如果用户每一次捡到"爱心漂流瓶"都会产生更丰富的互动，或许会提高用户参与的积极性。

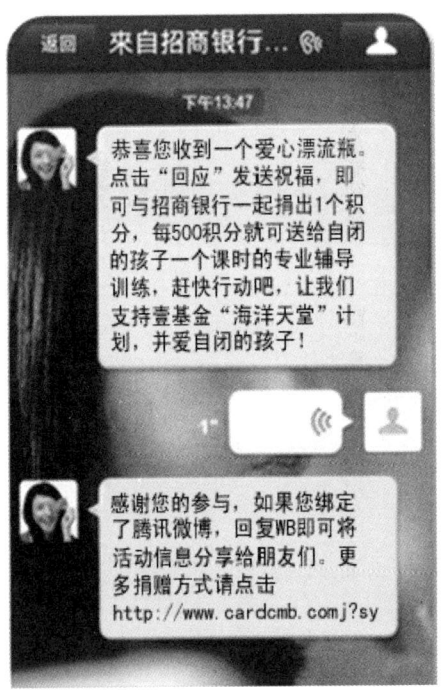

### （2）用漂流瓶开展消防宣传

浙江省金华市消防部门通过漂流瓶，对消防知识及消防工作情况进行发布，并接受消防政策法律法规咨询。据悉，自使用漂流瓶以来，不

第六章：微信营销实战案例分析（二）

少用户频频收到宣传消防知识的漂流瓶，内容包括防火灭火常识、逃生自救、灭火器的使用方法等。

另外，微信漂流瓶可用来作品牌故事传播，产品知识普及等，像食品企业，可以向用户普及产品的营养价值和食用方法。

# "开心茶馆"微信营销

IT 茶馆微信公共账号开展的互动营销,从投入产出来看效果还是比较令人满意的。

IT 茶馆充分运用了微信公共账号具备的自定义回复功能,简单说就是商家可以根据用户发送的不同关键词设定有针对性的回复语,比如用户发送信息为"你好",商家就可以针对这个关键词设定一个自动回复的语言。这有点类似于聊天机器人。

基于自定义回复的原理,商家就可以设定层层的问题,把正确答案设置为触发下一道题的关键词,用户回答正确就会进入下一题,回答错误就没有任何回复,用户还可以重新发送回答。

接下来的核心就是如何设定有一定难度又比较有意思的问题了。这个环节大家就可以各自发挥,根据不同的品牌或媒体特点设定与自己产品相关的问题,再结合一些脑筋急转弯,社会热点话题等,最终完成活动。依靠这个模型商家完全可以一期一期地做下去,实现粉丝互动,效果比群发消息要好很多。

第六章：微信营销实战案例分析（二）

作这种活动要注意以下几点。首先，一定要做题目测试，活动的题目不能太难了，否则，用户在答不出来之后就会放弃，其次，题目形式可以多样化，选择题，填空题，语音，图片等方式都可以用上，这样趣味性会强一些；最后，在推广上要加大力度，后续推广要跟上。

下面简单畅想一下这种类型活动的扩展性。

①题目可以做成植入广告，这样媒体账号就可以依靠这个做招商拉赞助，对赞助商来说宣传的效果也会比硬广更强。

②过关形式可以多样化，比如可类似《开心辞典》，每过一关获得更多奖品。

③商家在策划活动时可以与自身品牌和产品紧密结合,把优惠打折等融入进来,让粉丝获得更多的实惠。

微信营销最重要的部分就是互动,因此商家在开展营销活动时,要着力考虑互动部分。

第六章：微信营销实战案例分析（二）

# 飘柔陪聊式微信对话

微信的开放平台提供基本的会话功能，这让商家与用户之间可以方便地进行交互沟通。陪聊式的对话更有针对性，同时，需要商家投入大量的人力成本。

洗发水知名品牌飘柔在微信中注册了账号"飘柔Rejoice"，微信用户可添加"飘柔Rejoice"为好友，和它进入聊天。在微信上，用户可以和它聊天，还可以听它唱歌。

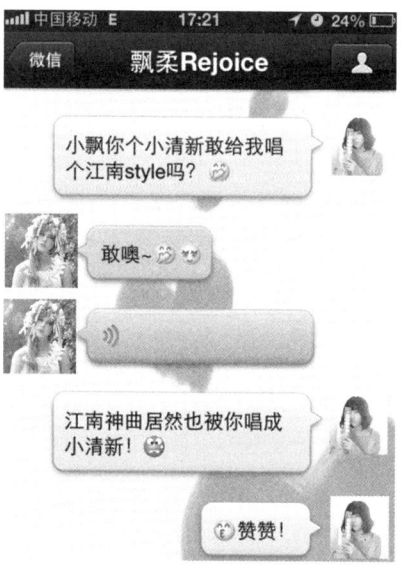

# 英特尔联手微信

菜鸟偶尔会厌倦了打字发短信,既如此,用微信发送音频信息,确实是省时省力又省钱的信息传递方式。

2000年的奥运会,菜鸟是在电视上看的,2008年北京奥运会,他是通过网络视频看的,2012年的奥运会,他是借助手机欣赏的。

历届奥运会是体育的盛会,更是创新的舞台,从比赛到转播,赛场内外,无一处不凝聚着科技创新。2012年7月27日首播的"超极星播客"开创了国内第一档基于移动互联端的手机语音播报节目,让中国体育迷在指尖上过了一把奥运瘾。

"超极星播客"节目由英特尔与腾讯共同构思并打造,从2012年7月27日伦敦奥运会开幕式正式播出至8月12日奥运会结束,该节目特邀董璐、孟非,全程陪微信用户走完这短暂而又漫长的17天,其间,该节目每天分三个时段,第一时间与用户实现端对端的互动。腾讯微信用户只需通过手机摄像头扫描其二维码,或添加微信"超极星播客"即可收听该节目,及时分享伦敦奥运会火热的运动激情。

第六章：微信营销实战案例分析（二）

很多人因为工作原因不可能每晚坚守在电视机前，"超极星播客"不仅让大家每天第一时间就能听到最新的奥运战况，还能使大家全天沉浸在麻辣点评的欢乐气氛中。

# 深圳海岸城微信会员卡模式

在微信中，菜鸟只需用手机扫描商家独有的二维码，就能获得一张存储于微信中的电子会员卡，从而享受商家提供的会员折扣和服务。企业可以设定自己品牌的二维码，用折扣和优惠来吸引用户关注。

深圳大型商场海岸城推出"开启微信会员卡"活动，微信用户只要使用微信扫描海岸城专属二维码，即可免费获得海岸城手机会员卡，凭此享受海岸城内多家商户优惠特权。

第六章：微信营销实战案例分析（二）

# 美丽说×微信模式

"美丽说"是目前国内最大的社区型女性时尚媒体，致力于为女性用户解决穿衣打扮，美容护肤等问题。"美丽说"的主要板块为：说逛街、说购物，分享潮流新品，搭配心得。用户可通过关注更多的时尚密友、搭配高人，发现美丽、搜索流行。"美丽说"提供应季最IN的单品，各种风格的衣服饰品搭配等信息，同时提供时尚、美容问答服务，其开创的品牌运营的商业模式，也被称为"美丽说模式"。

微信用户可以将"美丽说"中的内容分享到微信中，由于微信用

户彼此间具有更加亲密的关系,所以当"美丽说"中的商品被某个用户分享给其他好友后,相当于完成了一个有效到达的口碑营销。

# 第六章：微信营销实战案例分析（二）

# K5 便利店新店推广模式

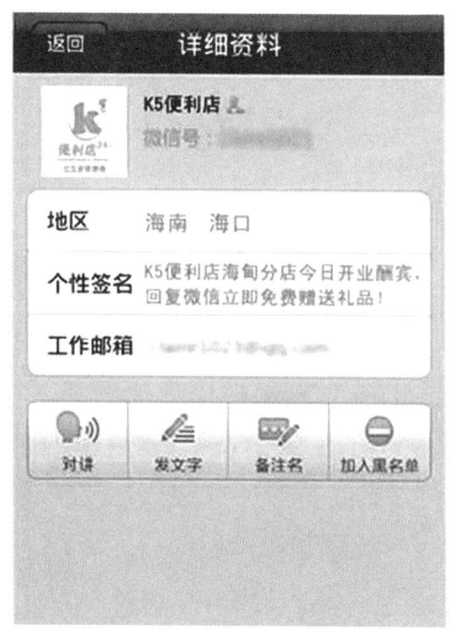

在微信中，用户可通过查看"附近的人"查找周围的微信用户，然后将相应的促销信息推送给对方，进行精准投放。

K5 便利店新店开张时，利用微信查看"附近的人"的功能，成功进行了信息的推送。

# 凯迪拉克微信公众账号运营模式

## 第六章：微信营销实战案例分析（二）

微信公众号用户可在微信平台上实现和特定群体的文字、图片、语音的全方位沟通、互动。

凯迪拉克曾发起过"发现心中的 66 号公路"活动，利用其微信公众账号每天发一组旅行图片给用户，以引起共鸣。其他的内容，基本以车型美图为主，如海外车展、谍照等。凯迪拉克也利用其公众账号发布实时内容，如有关安全出行的提醒。

# "我画你猜"微信营销活动模式

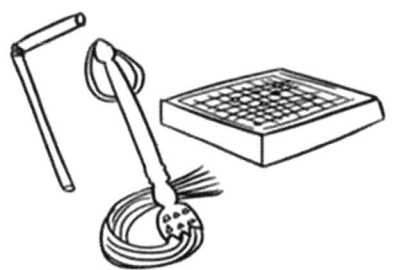

微信公众账号可以通过后台的用户分组和地域控制,实现精准的消息推送。普通公众账号,可以群发文字、图片、语音三个类别的内

## 第六章：微信营销实战案例分析（二）

容。认证的账号则拥有更高的权限，不仅能推送单条图文信息，还能推送专题信息。

一号店搞的"我画你猜"微信营销活动，每天通过微信推送一个图画给用户，用户猜中后在微信上回复就可能中奖。

## 微信助阵聚尚国际

聚尚国际是一家国内领先的电子商务加盟企业，拥有强大的推广团队和完善的售后服务体系。随着社会的发展，人们对电子商务的需求大增，可是很多商城却空有货源而缺乏销售渠道。聚尚国际强大的营销团队解决了推广难问题。

经过聚尚团队的努力，他们研究出了社会化营销组合模式。这种模式主要是通过热门的社交平台，比如："微博"等大型社交平台，让用户获得更高的曝光率，从而提高聚尚国际自身的品牌效应，让用户更具权威性。

随着腾讯"微信"的开放，聚尚国际完成了一整条"微信"营销渠道。只要加盟，用户就会得到一个专属的"二维码"，专业的营销团队会定期推送一些促销信息，加盟商既不用操心推广问题，也不用花大量的时间去考虑促销内容。有了全新的推广模式和专业的营销团队，加盟商可以轻松掌握这种推广手法。强大的营销团队以及数据团队，每天会对互联网数据进行整体挖掘，努力为用户提供实际、有效的营销策略，从而解决推广难的问题。

第六章：微信营销实战案例分析（二）

# 绿源开通微信

近几年，随着科技的发展，品牌推广的形式也不断得到创新，更多新颖的形式被运用于传播与推广，继"微博"营销被广泛应用于品牌推广之后，"微信"平台又成为营销手段中最具生命力的模式。

绿源是一个小型电动车公司，它借助"微信"平台对相关政策、产品信息、市场行情等作了推广，实现了和经销商以及消费者的文字、图片、语音的全方位沟通、互动。

在电动车行业，绿源是首个开通微信的企业。在这一平台，绿源可以通过后台的用户分组和地域控制，进行精准的消息推送、实现精准传播。绿源之所以要和微信平台合作，不仅仅是为了发送企业相关信息，更是为了紧密联系自己的客户群，形成以绿源为中心的"生态系统"。

绿源利用"微信"平台，建立了一种与产业链各个环节互动的模式，拉近了消费群与绿源品牌之间的距离。在终端的呈现上，微信有利于人们双向沟通和交流。这样，绿源的合作客户、经销商以及消费者就在这一平台上实现了互动体验。

第六章：微信营销实战案例分析（二）

# 游戏媒体进军微信

微信作为移动互联网终端的新贵，因其便捷和信息直达特性，受到企业的广泛关注。国内著名的游戏媒体766.com率先发布了微信公众平台二维码，打响了游戏领域垂直媒体精准营销的升级大战。

近年来，国内游戏市场整体出现上升停滞，页游与手游市场鱼龙混杂，垂直门户类的游戏媒体，在传统业务上很难出现颠覆性的改变。因此，及时布局移动互联网等新兴市场，抢占市场制高点，也就成了各家关注的焦点。

游戏媒体766.com通过微信公众平台不仅能够了解用户反馈，还能够直接向用户提供精准的定制服务，比如：最新游戏资讯的直达、游戏最新测试信息的直接发布等。微信可将信息直抵用户终端，在推广方面更为精准、有效。

菜鸟看完这些实战案例，感到未来世界将会属于"微信"，虽然他的起步比较晚，但是现在仍然有机会，所谓"机不可失，时不再来"，他必须把握住这个机会。

# 微信助珂兰钻石业绩翻番

珂兰钻石是一家腾讯投资的电商珠宝公司,主要是通过网络做营销推广,然后引导用户去体验店消费。现在,珂兰的体验店已经遍布全国 31 个城市。

2012 年的 9 月,"微信"为著名珠宝电商——珂兰钻石开通了公众账号,用户只要通过扫描珂兰钻石的二维码或添加其微信号就可以成为珂兰钻石的微信好友,及时了解珂兰钻石的相关资讯,参与其互动活动;并获得珂兰钻石的微信会员卡,享受其各种优惠特权和活动奖品。

珂兰钻石通过官网、微博、体验店等进行全面宣传。与"微信"的联手合作,是珂兰钻石在移动互联网迈出的重要一步。不可否认,庞大的微信用户群体使得企业的微信营销更加有利于品牌的推广。随着微信产品本身的不断发展,利用微信辅助品牌营销的"占位战"已经打响。

珂兰钻石与微信的深入合作给消费者带来了很多的惊喜。珂兰钻石为了庆祝 5 周年生日,推出了五大特权专享活动,具体内容为:

①扫描其二维码,或添加其微信号,关注珂兰钻石公众账号,就

## 第六章：微信营销实战案例分析（二）

能够免费获得珂兰微信会员卡。

②开卡，就送红包。第一次开卡，能够获得一个价值100元的钻饰红包。

③如果能够将珂兰微信会员卡分享到"朋友圈"，在店里能够获得一套珂兰5周年纪念卡套。

④拍摄或试戴店内任一款钻饰，将照片上传到"朋友圈"并分享为"我喜欢珂兰××钻饰"，就能够获得一枚原价299元的、现价50元定制的天使之翼钻戒。

⑤开卡后，如果将微信会员卡分享到腾讯"微博"，就有机会获得钻石吊坠大奖。

作为珠宝电商的领头羊，珂兰钻石尝试微信营销，对于电商行业具有重要的意义。

珂兰钻石相关负责人表示：今后，珂兰钻石将会和微信继续深入合作，尽力开拓移动互联网营销和服务模式，继续以"为用户提供最高性价比，最具幸福感的珠宝产品"为宗旨，努力保持自己在新媒体领域里的领先地位。

# 优衣库开启微信营销

国际著名休闲服品牌优衣库携手微信,推出其微信公众账号,利用微信平台为消费者提供贴心服务。

与微信的联手合作,是优衣库在线上市场迈出的重要一步。优衣库不仅在官网、微博、淘宝官方网店上曝光自己的二维码而且利用海报、易拉宝、宣传单、收银台贴纸等进行宣传,足见其对微信平台的重视。

2012年9月24日起至2012年10月20日,成为优衣库的微信好友就有机会获得微信定制耳机、优衣库缤彩折叠购物袋。

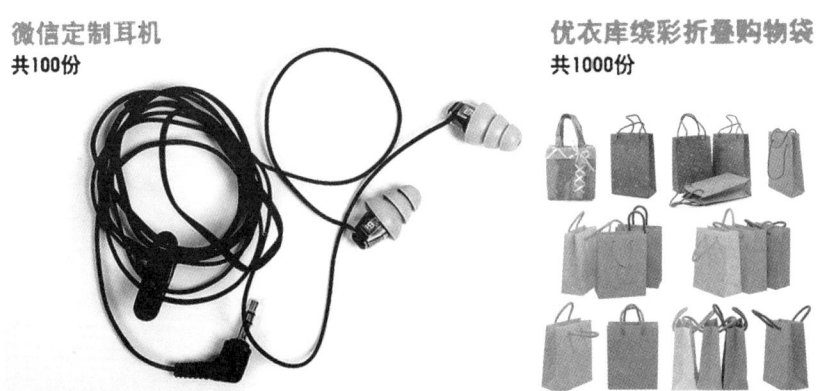

## 第六章：微信营销实战案例分析（二）

参与活动方法：

用户需要打开微信→选择添加朋友→扫描其二维码或搜索"优衣库"→添加关注。借助微信公众平台，优衣库实现了企业与消费者的双赢。优衣库借助微信营销，打造了与消费者直接沟通的互动平台，优衣库在产品获得更多曝光的同时，也更有效地传播了其品牌形象；而消费者也可以通过微信了解优衣库最新产品和促销信息，咨询自己需要的信息。例如，消费者可以通过微信平台，发送"优惠"、"新品"、"活动"等关键字获取其打折促销、新品上市等信息。

优衣库相关负责人表示，优衣库将尽力开拓微信市场，继续以"造服于人"的宗旨努力保持其在新媒体领域里的领先地位。

# 用微信催生成人用品电商

有数据统计显示，中国成人用品市场中，40%份额来自线上，其中又有将近85%来自淘宝。在淘宝，除了杜蕾斯等知名品牌能够时常成为平台广告的座上客，多数鱼龙混杂的店家，如同线下的幽暗角落的成人用品店一样，默默无闻。

在微信和陌陌上，你时常能看到一位清新而又古灵精怪的姑娘，她在成人用品方面展开了小而美的激情创业。她就是马佳佳。

依照马佳佳的说法，她希望别人不要误解她所做的事情。"成人用品"市场极具开发和培育，增量可期。

马佳佳知道，"微博"能够造势，扩大知名度；而"微信"作为和用户一对一沟通的工具，转化购买率的可能性更高。为了刺激用户的兴奋点，马佳佳试图把"微博"和"微信"捆绑起来，当作推广营销的主战场。

### （1）选择用合适的方式营销

马佳佳并没有将自己的店铺定义为"成人用品"，而是将其定义为更接近情趣用品或关于"性教育"的媒体平台。

## 第六章：微信营销实战案例分析（二）

马佳佳的个人"微博"账号已经有四五万粉丝，她每天都能接到约 4000 个关于性知识的问题；而她的"微信"账号仅开通了一个星期，就拥有了过万的好友。随着互动的不断深入，有些粉丝在"微博"上看到其他有"性"趣的内容，也会转发给马佳佳，"马佳佳"已经成为一个品牌。

马佳佳以雷人的方式不断颠覆着人们对"性"的理解和传播方式。马佳佳乐观地坚信，自己所做的事情是对的。她认为：做有趣的生意，比每天悲催地面对自己的工作更有意义。

为了扭转人们对性用品行业的认识，马佳佳希望自己能够传递出一种轻松、愉悦的氛围。她认为"可以重口味，但绝对不会培养用户的恶趣味"。

### （2）"移动端+性趣社区"新型的商业模式

虽然起步阶段一鸣惊人，但借助社会化媒体作品牌推广仅仅是完成了第一步，马佳佳和她的团队们需要让用户逐渐沉淀下来。

资料显示，马佳佳的 Powerful 的月均流水已经达到 6 万，其中 60% 来自线下。

线上的优势往往是价格，但差异化很低，难以产生个性化以保证利润。Powerful 的线下店如果以 50% 的毛利来计算，不仅要支付房租和人力成本，而且流动资金也有限，这就决定了单依靠线下，在短时间内是很难迅速扩张的。

数据显示，国内成人用品市场年销售额是 50 亿元人民币，可是市场需求却超过了 150 亿元，到了 2015 年整体市场需求甚至会超过 500 亿元。Powerful 虽然还没有对用户进行数据挖掘，可是已经有意识地将用户划分了层次。

在推广产品的同时，马佳佳还借用社会化媒体来传播一些性教育知识，完成了对市场的培育。很多人并没有意识到自己在进行性行为时会犯很多常识性错误，也没有意识到借助必要工具的保险性和安全性，为此，马佳佳会定期推一些内容给粉丝看。

在线上，Powerful 试图打造一个性趣俱乐部式的社区或媒介，形成用户集群。为了不让辛苦培育出来的用户被其他成人用品店铺稀释掉，Powerful 不断地更新店铺产品，完成了产品升级。

# 第七章：
# 微信被看好的未来

　　微信拥有诱人的功能，如支持通过手机发送语音短信、视频、图片和文字，用户可以单聊及群聊，还能根据地理位置找到附近的人。微信以其独特的魅力，吸引着更多的人。

第七章：微信被看好的未来

# 微信，全新的创业平台

菜鸟很想了解一下微信的创业平台，通过从网上查找资料，他觉得这事很靠谱。

比如说，餐饮类微信账号接入"微信"开放平台，用户只要给其发送自己的位置，就会收到附近推荐餐厅的列表。从整体来看，微信

生态圈或许真会抢掉一部分 AppStore 的份额。

对于"在微信上创业"的话题，菜鸟通过收集资料，理清思绪，他感觉应该从以下几个方面入手：

### （1）微信解决的是信息的传递和处理，更直接

随着整个通信产业的发展，人类进入了信息社会。互联网行业的各种产品，都是围绕着信息的买卖在进行，比如做搜索引擎的百度，以及新浪"微博"等。它们满足了人们信息交互的需求，人们可以浏览需要的信息。

微信有其简单、快捷的特征，用户在移动端添加微信账号和跟另一个微信号展开对话，成本是极低的。

### （2）微信和短信的区别是什么

不可否认，短信以前也是一种类似开放平台的生态圈。就在几年前，发个 1 到 xxxxxxxxxxx 号码，对方就会给你回复一个幽默故事。当时，一些企业通过短信的互动方式赚到了很多的钱。

其实，微信和短信在某种程度上非常接近，不过二者有两点主要的区别：微信可以发语音等多媒体信息，短信不行；微信是走流量的，使用 Wi-Fi 的话，比短信便宜。

### （3）信息的单项传输功能

今天，常见的很多微信账号像一个媒体。比如有一些账号可能会给你推送一些冷笑话。

一些小知识完全可以在微信上做出来。一些国内的团队已经通过微信做这方面的项目，比如，每天给用户推一个理财产品，用户觉得

## 第七章：微信被看好的未来

靠谱就可购买。

### （4）信息的买卖服务

比如，专业做高考志愿咨询的，以前都得到学校摆张桌子，现在，他们可以用"微信"给考生和家长提供咨询。

### （5）微信上也能做各种服务预订

如果你想预约杭州的出租车明天去机场接你，你可以借助民间力量通过微信实现。除此之外，你可以通过微信查看附近的外卖并且预订，通过微信订酒店什么的。

### （6）微信账号的导航分类

微信账号如此之多，如何做分类导航呢？现在，已经有多家创业企业在做这个方面的创业。

菜鸟觉得自己即将选择的微信，的确是一个全新的创业平台！

## 沟通无限,牵引人类社交

菜鸟了解到,智能手机的快速普及,为移动互联网的发展带来了强劲的动力,为此,中外各大软件制造商、运营商酣战激烈,微信、米聊、飞聊等即时通信产品纷纷登陆市场,各显身手。

新型移动互联网即时通讯软件大多整合了语音、视频聊天、社交应用、图片发送以及传统短信等多项功能,已经成为用户工作生活中必不可少的一种沟通工具。随着中国网络环境的逐步改善,企业一定会通过不断创新、不断改善用户体验吸引更多的手机即时通讯用户,从而加剧"群雄逐鹿"的竞争格局。

在这个格局中,微信形成了一个沟通矩阵:横坐标是语音、文字、图片、视频、LBS,纵坐标是手机客户端、QQ、微博、邮箱、离线消息、通讯录安全。纵横交错的社交链,承载着人们工作和生活中的沟通需求,而这个社交链是跨平台的、随时随地的,这是其他即时通信产品无法超越的。

数据显示,人们对腾讯微信的关注度远远高于其他手机软件。这就说明,人们似乎对传统的短信等信息沟通方式已经感到厌倦了,通过手机网络发送文字、语音、图片、视频等内容正在慢慢取代传统的

第七章：微信被看好的未来

短信和通话业务。

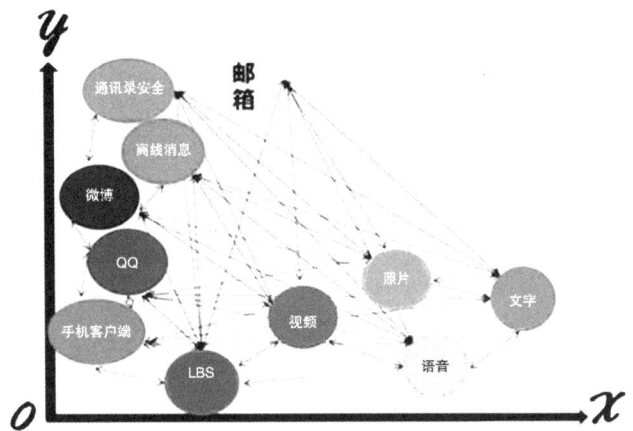

有互联网分析师在微博上有这样一段表述：腾讯对移动互联网的风潮所做的应对非常迅速并有前瞻性，移动互联网时代，腾讯找到了新的用户入口……微信另一个强大处在于：很多不用QQ的高端用户也都用微信了，微信摆脱了QQ的低端形象，获取了新用户。

微信有庞大QQ用户群的支撑，拥有领先优势，它将一切能打通的应用都打通，这是移动互联网时代的发展方向之一。跨界渗透，让即时通信迈入了新纪元，微信产品满足着用户的多样需求，微信描绘的移动即时通信走势十分清晰。

# 微信在海外市场的积极扩张

菜鸟对微信佩服得五体投地。微信借助强大的功能和简单的操作，战胜了西方对中国制造的怀疑。BDAChina 董事长克拉克说："借助 AppStore，用户很难知道微信是来自中国的应用。应用市场提供了一个真正公平的竞争环境。"

据国外媒体报道，微信自 2011 年 1 月份推出以来取得了飞速的发展。该款移动应用正在破除中国互联网产品无法走向世界的定论，在扩张中的全球智能手机应用市场占有一席之地。

中国互联网公司一直努力着让自己的产品走出国门。2007 年，在国内市场占据主导地位的搜索引擎百度，曾宣布进军日本搜索引擎市场的野心勃勃的计划。可是到了 2011 年，百度却宣布其在日本的业务已经亏损超过 1.08 亿美元。

由中国最大的互联网公司腾讯开发的移动信息应用微信，正在破除中国互联网产品无法走向世界的定论，基于一些分析师的预测，腾讯有成功的机会。

微信非常类似于在美国流行的智能手机应用 WhatsApp，允许用户向其他用户免费发送信息、图像或音频信息。不过 WhatsApp 的中国

## 第七章：微信被看好的未来

竞争对手"微信",正在以最快的速度占据多媒体即时通信服务市场。微信推出的一系列功能,令许多人都表示,这些功能已经超过了WhatsApp 和 KakaoTalk、LINE 所提供的功能。

现在,除了使用微信发信息和群聊,很多人也开始用它进入社交网络。

有业内人士表示:中国互联网市场与其他国家的分离程度非常大,有人将其称为"加拉帕戈斯群岛综合征"(加拉帕戈斯群岛的地方特有物种——按照理想中的进化,并逐渐与其他大陆上的同类物种区分开来,自成一个体系。它们只反映当时、当地的条件,进化出特有的肢体、翅膀。如果把它们放在别的海岛或者大陆上的话,不到一个月,它们就死定了)。中国国内的互联网产品非常适用于国内市场,但却不适合全球的其他用户。

不过业内专家也表示,像苹果的 iTunes Store 和谷歌的 Google Play 等应用零售商,能够帮助开发者把应用传递至全球各地的消费者。分销平台的开放性将为微信提供通向国际智能手机市场的渠道。

有人认为,微信对外扩张的努力正慢慢收获果实。微信在东南亚增长最快,在其他地区也正迎头赶上,包括东欧和中东地区。前景最好的国外市场包括越南、泰国、印度和印尼,俄罗斯与沙特阿拉伯紧随其后。

微信在海外的迅猛发展,让菜鸟不禁赞不绝口,拍手叫好。

# 微信为中国巨变做见证

微信,作为一种全新的社交工具,不仅改变了人们的沟通方式,也见证了中国社会的巨大变迁,更充分展示了国民生活的巨大变化。

## (1)"微信"满足了公众的沟通需求

2011年1月,"微信"诞生,在不到两年的时间里,其用户数突破3亿。

微信最初以文字通信、图片分享为亮点,在逐步明确了产品方向后,不断地推出了语音对讲、LBS、摇一摇、漂流瓶、视频会话等一系列形式丰富的功能。微信不仅满足了用户本身对沟通的强烈渴望,同时也帮助用户拓展了沟通形式。

微信强大的沟通功能在生活中得到诸多应用,比如:有人通过微信的帮助解决了异地办理身份证的困扰。一位派出所民警在工作中发现,辖区内的居民小舟没有办理二代身份证。小舟常年在外地从事餐饮工作,虽然很着急,可是却不便回乡,也不知如何办理二代身份证。民警知道这个情况后,灵机一动——微信具有采照的功能。很快,民警联系上了远在外地的小舟,然后利用微信直接采集了小舟的

## 第七章：微信被看好的未来

照片,帮他办理了二代身份证。

微信的价值正在持续发酵,对百姓来说,更便捷的沟通方式、愉悦的体验,是人们选择微信的关键。

### (2) 微信在人们日常生活中有着广泛应用

微信顺其自然地融入了人们的日常生活,并得到了越来越多的应用。的哥赵大宝就是通过微信让自己的生意日渐红火的。赵大宝是一名普通的出租车司机,想要打车的乘客可以通过微信找到他。通过微信,乘客既解决了打不到车的困扰,而赵大宝也能接到更多的生意。后来,赵大宝还与的哥们自发组成了"出租车预约V车队"。大家用微信聊天、查路况、预约业务。在微信等技术的帮助下,大家合理分配接单任务,提高了工作效率,收入也明显增加。

用户也可以通过微信公众账号获得生活服务信息;借助微信电子会员卡,用户获得了很多的生活实惠和特权。

今天,人们在微信上已经可以实现找出租、订酒店、找餐馆……人们通过微信就可以随时寻找身边的生活服务,微信已经真正融入了大众的日常生活。

### (3) 微信走向国际化

除了在中国市场上所向披靡,微信在国际上的表现也有目共睹。有国外媒体报道说,微信正在破除中国互联网产品无法走向世界的定论,凯特·万是一位职业媒体人,现居住在北京,她表示:她使用微信发信息和群聊,也用它进入社交网络——在这里,凯特·万所指的是微信的"朋友圈"功能,这一功能准许用户发布照片。

邓肯·克拉克表示,微信借助强大的功能、简单的操作,具备消除西方对"中国制造"留存的怀疑的潜力。

据悉，微信已经成功支持多种不同语言，包括俄语、印尼语、葡萄牙语以及泰语等，腾讯还计划开发更多不同语言的版本。微信的向外推进已初见成果。

微信虽然只是一个移动互联网的应用工具，在手机屏幕上只是一个图标，可是在这个小小的图标背后，微信正在凭借自己的创新和智慧，改变着人们的日常生活。从其在人们生活中的表现，以及其不断爆发出来的能量来看，微信已经日渐成为新经济的引领者，并不断演绎着新的可能。

微信的成功只是开始，新的精彩仍将继续。微信创造了"没有陌生人的世界"，繁荣了整个社交网络，腾讯一直在思考这样一个问题——怎样抓住用户的心理。玩惯了QQ的80后、90后喜欢微信的对讲机功能、视频对话功能，70后喜欢微信查找"附近的人"的功能……依托着海量用户的推广优势以及技术的创新力，腾讯抓住了用户的心理。

微信在引导网络社交活动中发挥着信息共享平台的作用。微信LBS让人们有了新的交际平台，同时"没有陌生人的世界"成为社会信息开放和活跃程度的标志之一。

沟通没有尽头，在"没有陌生人的世界"中，碰撞虽然充满不确定性，但碰撞还是非常重要的。

菜鸟对微信发展的未来十分看好，同时，他有了一种强烈的紧迫感。

# 第八章:
# 行业专家谈微信

　　微信是一种快速的即时通信工具,支持发送语音短信、视频、图片和文字,可跨平台沟通,与传统的短信沟通方式相比,它更灵活、智能,且节省资费。
　　菜鸟知道微信对于每个人的意义都不一样,他想看看专家们对于微信的看法。

第八章：行业专家谈微信

# 马化腾的微信梦

微信是腾讯公司2011年初推出的一款手机软件，其功能包括通过网络即时发送语音短信、视频、图片和文字，支持多人群聊。

微信的费用产生于上网流量费用，由网络运营商收取。

针对微信收费的问题，腾讯公司声明："普通用户正常使用微信的情况下是绝对不会收费的"，微信商业化的探索正在进行中。

马化腾在2013全球移动互联网大会上表示，微信的平台策略是希望搭建起一个简单的规则体系，让第三方参与进来并在这个规则下产生服务内容。在微信商业化问题上，马化腾表示，移动社交游戏可能是微信商业化的最大突破点。除此之外，和O2O企业、商家和个人用户的合作也是微信未来商业化的重点。

微信一直被认为是腾讯的"移动互联网船票"，不过马化腾本人并不完全认可这个说法。他表示，腾讯现在只是拿到了移动互联网的"站台票"，腾讯是否能顺利上船是未知的。大量的互联网公司希望登上移动互联网这艘船，竞争也是这一过程中的不确定因素。马化腾认为，移动互联网让国内互联网公司第一次与国外科技公司站在了同一起跑线，但这一行业大潮的风险在于，任何一家企业可能仅仅因为一个月的松懈，就面临翻船的风险。

马化腾还表示，腾讯已经和运营商进行了很多的测试，也取得了一些进展。他认为，微信收费的传闻存在诸多误读，OTT收费问题需要运营商、设备商、互联网服务商和手机终端四方共同协商才能解决。

不管收费与否，微信已经成为马化腾心中的中国梦。对于腾讯微信与三大网络运营商之间的博弈，不少用户都比较关心，因为担心失去这"免费的午餐"。

第八章：行业专家谈微信

# 微信之父张小龙

业内知道张小龙，是因为他的 Foxmail，这是张小龙第一次成名。这款从 1996 年推出的邮件客户端软件，到 2000 年的 4 年间，已吸引 200 万用户。这个让大多数人能够放弃微软系统自带的 Outlook 邮箱的软件，被当时美国最知名的科技网站 ZDnet 评为 5 星软件。

2000 年，在北京中关村的一个咖啡馆内，有记者采访张小龙。张小龙给记者的第一印象是：没有想象中的自信与骄傲，有一股淡如水般的平静。然而，在这次谈话中，张小龙告诉记者，他想把 Foxmail 卖给朋友，然后自己独自去美国。

彼时张小龙，有些灰心。而 2000 年，也是互联网泡沫开始的头一年。在 Foxmail2.0 版本后，张小龙每晚看着用户发送来的鼓励邮件，手不离键。

事实上，早在 1998 年，金山软件总经理雷军便已看上了 Foxmail，他当时也有了收购的想法。1998 年 9 月的一天，找出 Foxmail 登录 BUG（人们将在电脑系统或程序中，隐藏着的一些未被发现的缺陷或问题统称为 BUG）的雷军，照着 Foxmail 软件留下的邮件地址，给张小龙发了一封信。张小龙也很快回复，并在邮件中留下了自己的电话

号码。

雷军首先在电话中把自己发现的BUG告诉了张小龙。张小龙在电话那头回应:一大堆人反映登录有问题,我也没搞清楚问题在哪里,谢谢你。

在电话中,雷军得知张小龙在广州一家系统集成公司上班。雷军开始单刀直入:能不能把Foxmail卖给金山?张小龙回应:15万。这次电话交谈就差不多收尾了。

雷军回忆称,15万是当时电话里双方都可以接受的价格,他本来打算邀请张小龙去珠海金山商谈具体细节,但由于自己正忙着联想注资金山的事儿,派去和张小龙洽谈的研发人员又觉得,这么个软件,金山用1~2个月也能做出来。于是,这事就没影了。

2005年3月,腾讯收购Foxmail。腾讯为什么要收购Foxmail?当时,Foxmail的团队包括张小龙在内,只有20余人,用户不到500万。

马化腾当时对媒体表示,腾讯看重的是Foxmail的技术和客户,当时,国内互联网用户刚刚超过1亿,未来三四年内,互联网用户会有成倍增长。马化腾认为,这段时间,是腾讯争取客户的关键时期。而在Foxmail的500万用户中,有300万用户是腾讯此前所没有覆盖到的。

而被腾讯收购后,张小龙的Foxmail团队一直偏居广州,成为腾讯的广州研发部。2011年1月,张小龙的团队研发的微信上线了,这个产品也给他带来了更大的光环。

事实上,微信的成功,有其必然,也有其偶然。腾讯投资部负责人曾表示,在微信出来前,当时的腾讯内部,有3个部门在做类似微信的产品。

那么,为什么张小龙能成?

## 第八章：行业专家谈微信

　　这也是腾讯很多部门内部人士心中的疑问。由于张小龙团队和 Foxmail 并入腾讯的历史原因，偏隅广东的张小龙团队所在的腾讯广州研发中心，被视为是马化腾在腾讯内部计划的一块"特区"。

　　这块"特区"在相当长的时间内，不需要像腾讯其他部门那样，承担杂七杂八的内务，而这种原因，也使得张小龙的广州研发中心得以在腾讯的大公司体制下，自由生长。这种"特区"性，也颇为腾讯其他部门所羡慕。

　　张小龙的个性也适合在腾讯"特区"里闯，而这股劲儿在马化腾看来也符合当下移动互联网的性格和作风。与张小龙有过多次接触的人说，他是一个有"范儿"的人。这种"范儿"，并不是指把脾气写在脸上，而是骨子里遵从于内心的坚持，以及脱俗超然的心态。

　　此外，在大公司体制下，"触动利益比触动灵魂还难"的事越来越多，但张小龙还能遵从于心。

　　在菜鸟的眼里，张小龙的确很牛，然而微信的未来，是否还得倚靠张小龙呢？这只有由时间来回答了。

# 戴志康和微信"二维码"运营

在 2012 年 9 月 19 日的财付通 7 周年沟通会上,腾讯生活服务电商部副总经理戴志康以"互联网应该如何运营"谈及微信二维码未来的 O2O 发展潜力,他认为,互联网人给传统行业带来的是改革,而不是改变。

戴志康认为,传统的互联网运营更侧重口碑、品牌等"过程",而对商家来说更重要的是到店率、是对最终销量的影响等"结果",所以,就要结合二维码、LBS 两者。他还引用了微信创始人张小龙的说法,"搜索框是 PC 的互联网入口,二维码是微信的互联网入口"。同时由于关系链,每个用户都有可能成为影响朋友购买的"星星之火"。

戴志康是 80 后一代的知名创业样本,国内论坛普遍使用的 Discuz! 系统即来自他的康盛创想。康盛创想 2010 年 8 月被腾讯收购,戴志康现任生活服务电商部副总经理。

以下为戴志康发言节选:

做互联网的人是怎么运营的?我们通常看三个基础数据,拉新、回流和留存。拉新,代表我做了一个网站,我的新用户来了多少,比

第八章：行业专家谈微信

如说一个月来了多少新用户。回流指什么？上上个月来的用户，上个月没有来，这个月又来了，这个叫回流。最后一个就是留存，上上个月来了，上个月来了，这个月也来了。这几个东西听起来很拗口，但是它确实存在于日常互联网运营里，包括腾讯每个产品经理都在看这些数据，这是互联网运营很基础的一个数据体系。

互联网商家在看什么？他们看客流量、客单价等。我们总结下来，发现一个很奇妙的事情，服务业的商家在目前为止，更关注的是一种结果值。什么叫结果值？我们拿到公司的财务报表，这叫结果值，这是你做了一系列的工作之后所产生的结果。

我们在做日常互联网运营的时候，我们更关注过程值。比如说你的新用户来了多少，回流率有多少，这可能不会反映在销售收入上，但是它一定从某种程度上影响着销售收入。这是我们和传统服务业商家之间打交道时候的一个重要的异同点。

我们发现其实在互联网服务里面，我们更关注的是一个过程，在过程中对数据的把控，实际上构成了互联网运营的基础。

受此启发，我们一直在想，把对过程中数据的关注融入传统的服务业商家日常的运营里面去。我们跟很多商家聊，商家跟我们反馈一个很重要的信息：他们不是不想关注过程，他们也很关注过程，关注客户点了什么菜，关注用户上个月来了，这个月为何没有来。但是他们不知道怎么关注，或者不知道这些数据的来源。在这个背景下，我们开创了一种新业务模式。

这里面有几个要素。第一个要素就是二维码。无论你去电影院，还是去酒店，你都可以在店里面看到二维码，它标识出这个商家是谁。第二，我们有一个自己的账号体系，是以微信号为代表的存储在你手机里、能够标识出你是谁的账号体系。

我们认为中国的账号体系，无外乎三四种。第一，身份证号。但用户不太愿意在日常情况下使用自己的身份证号。第二，手机号。手机号容易给用户带来垃圾广告骚扰。然后，我认为腾讯是中国最大、最好的账号体系，PC 七八亿用户和手机上两亿用户——这些账号体系构成了使我们有能力和线下商家实现闭环的基础条件。把二维码和账号体系联结在一起，就是用户"一扫"的过程，这个时候商家和用户之间就建立了很必然的联系。

同时我们还有一些关系链，用户在进行消费决策的时候，永远有两种决策的依据。比如买车，有一种方法是到搜索引擎上搜，直奔4S店把那个车买回来；还有一种，是看朋友开了什么车，觉得那个车不错，这个时候就买一辆和朋友差不多的车，我们发现这样的决策行为在很多消费决策里都会发生。我们去哪个餐馆也许会考虑朋友推荐，这是根据在线下已经形成的高质量关系链形成的信任关系。我认为，关系链也是组成所有闭环的一个很重要的环节。

另外就是LBS，你用微信，比如说"摇一摇"，或者是查"附近的人"的时候，你可以看到"附近的人"也许有一些商家，也许有一些可以把用户导入商家的渠道。电子邮件、QQ、微信消息等，这些都构成了渠道。

用户是怎么感知这样一种服务的呢？其实，建立起用户联系的过程非常简单。因为二维码是商家唯一的，用户身份是用户唯一的，用户这个情况下得到一张会员卡，他是存放在手机里面的。

我们在店内放一些不同形式的二维码，帮助商家通过微信的消息送达功能提高其运营能力。

我有一次跟一个很大超市的老板聊天，他说发一张纸质DM（直投广告）成本是2角，到店率是4‰。实际上，这样一种成本在超市

第八章：行业专家谈微信

已经是没有办法的办法了，我问他效果这么差，为什么还要这么做？他说他除了这个实在找不到比这个效果好的了。我也经常看超市的DM，下班回到家，打开信箱收到一大堆DM，看到超市的DM里面可能有可乐促销或者是牛奶促销，那个时候我挺心动，但是那时候已经到家了。很多时候，纸质的DM方式和电子化的方式相比是一个非常低效率的方式。

我们在之前的一些方案里面做了一些尝试，看用户的心理到底是什么样的，以及那些方案能够给商家带来什么好处。首先，用户看到这样一个码之后，会很好奇，他就会过来"扫"，"扫"完之后他成为会员了，得到一些优惠。用户还可以在电子会员卡中得到特权或者是优惠。

接下来讲一下关系链对整个业务本质的促进作用。

我们发现，高质量的关系链对商业的促进作用很大。我们在进行消费决策时，朋友无时无刻不在影响我们。

在线下扫了二维码之后，这些用户就成了种子，他们成了星星之火。比如这个人可以享受一些特权，还会被赠送U盘，他觉得不要白不要，所以他扫码成为会员。一传十，十传百，这样就能够给商家带来实实在在的好处。包括在微信里面用户关注品牌，比如关注麦当劳、星巴克等。每个在线下扫描二维码的用户都会成为种子，这些种子通过好友圈，一刻不停地将信息传播给好朋友。

经过一段测试，这种线下扫描二维码的方式，确实给很多商家运营带来了实实在在的好处，而且用户再也不用担心他钱包里装了太多的卡，他只需要带一个手机就可以了，手机丢了怎么办？只需要把账号找回来就可以了。

我们想想，我们常去的商家几十个，我们的钱包能够放下几十张会员卡么？放不下。如果我们有能力给商家提供一套行之有效的电子化会员卡解决方案，就能够帮助用户创造价值。

我们尽量去了解商家是怎么想的，商家想要什么。

我们跟一个餐馆老板聊天，他说这些理念是非常好，但是他怎么知道用户来了或者没有来？他怎么知道这个用户来了多少次？每次他的服务员能够把用户的钱收到，用户高高兴兴离开，下次若是再来，他就谢天谢地了。

我们看到，这种运营方式是非常传统、单一、机械化的。我们曾作了一个调查，一线城市一线商圈有44%的用户手机里有微信。随着微信的发展，随着移动互联网的发展，随着智能手机的发展，我们相信这个数据一定会大幅度提高。

有了这个基础，我们很容易给商家提供一个报表，我们只需要把这个数据取出来就可以给商家更好的分析。

店长通常而言是一种类似于大公司里面的职业经理人这样的角色。店长关心的事情是销售额。团购的方式或者是单纯优惠的方式可能会使销售额迅猛增上去，又迅猛地落下来。而且用户往往有这样的体验，去了一家餐馆，跟服务员说点菜，服务员就会说你是团购的吗，你是团购的就坐那边去。我觉得这样的感觉一点都不好。

在我们这套系统里面，我们的每一张优惠券是根据智能分析、商业数据分析发给用户的，它不会影响商家自有的公开定价体系。

如果把优惠券发到某些忠实客户手机里面，比如说我经常坐南航的飞机，南航奖励我一个旅程的升舱，我很高兴。前面的累积给了我一个免费升舱的机会，但是这个免费升舱不是给所有人发的。

对于商家市场部来说，市场部最愿意搞活动，这些活动，就是把宣传有效地告诉给重要用户，而我们提供了这样一种服务。对于商场的运营部，我们可给它提供完全不同于以往传统会员卡爆发式增长的效果。

传统的会员卡和电子化会员卡会在相当长一段时间并存，而且这个并存会给商家带来实实在在的数据反馈。我们相信，电子化会员卡能够给商家日常运营工作带来更多的价值和更多的机会。

我们在了解了商家的需求之后，也开始对合作商家进行选择。我们经常问自己两个问题：我们跟谁合作？谁最需要我们推广？

我们发现，用户会在好的餐馆前，冒着严寒，顶着酷暑等服务员叫他进去吃一顿。商家为什么能够让用户做到这样？在市场经济足够发达，商品经济足够发达的情况下，我们认为这些商家一定有能力维护好自己的口碑，给用户良好的体验。

我们能够做什么？我们能够做的是锦上添花的事情，我们可以帮助口碑特别好的商家实现口碑的放大和增值。在用户消费过程中，我们知道我们所扮演的，只是一个次要的角色，商家的菜做不好，商家的服务做不好，或者说商家的用户体验做得不好，我们做得再好也没有用。我们能做的是锦上添花，而不是雪中送炭。

菜鸟想：戴志康的"二维码"运营，的确对微信的发展立下了汗马功劳。

# 李开复:如果让我选择,我会投资微信

自正式发布以来,在不到两年的时间,腾讯微信拥有超过3亿的用户。在互联网历史上,这不仅使微信成为增长最快的一款软件,同时,它也让腾讯处于令人羡慕的位置。

微信是由张小龙,一位低调的中国互联网老兵开发的。1996年,他独立开发了电子邮件客户端"Foxmail"。自从他研发了许多产品以来,他从一个超级开发者成为一个超级产品经理。在中国,他被认为是最好的产品经理和创新者之一。

他的核心产品哲学是:使用极简单性和娱乐性来吸引用户。他说:"互联网产品需要超越满足用户需要,他们需要满足用户的欲望。"他还说:"当形式上是有趣的时候,形式优于功能。"因此,尽管有一些与微信相似的产品如Whatsapp和Kik,但微信有许多独特"简单"有趣的功能:"摇"一下就可以找到一个朋友,漂流瓶,群组聊天等。由于使用简单、有趣,微信的用户增长速度令人难以置信。

张小龙也是一个"轻创业公司"的践行者。他已经尝试了许多创新性的实验。越来越多的程序开发人员使用微信平台。越来越多的线下商店和餐馆都被连接到微信上。微信在埃及、越南等很多国家,用户增

第八章：行业专家谈微信

长数排在首位。

李开复说，国外企业家告诉他，来自美国的 Whatsapp，来自日本的 Line 和来自中国的微信这三个软件，可能正走向第一次互联网全球战争。如果发生这种情况，他的钱会投在微信上。

菜鸟想：微信发展的未来，需要微信不断发展，吸引更多的人投资。

# 房地产专家谈微信

微信对于每个人的意义可能不大相同,让我们看看房地产专家们是怎么说的。

合富置业首席分析师龙斌表示,"微信和微博有一定的类似性,都是即时、互通,就像国外的Facebook(脸谱),这个应该是即时通讯很好的工具和平台。"

对于房地产来说,龙斌表示,除了信息交流更加顺畅,微信还有更强的功能,比如语音、视频功能等,对房地产的发展会有比较大的影响。

广东省房协理事、广州同创卓越顾问公司总经理赵卓文表示,现在买房的人越来越年轻,其中很多人都是通过网络了解楼盘信息的。现在80后成了购房的主力,90后也会上台,所以他觉得房地产的营销也好,房地产平台也好,在网络上展示的东西会越来越多。

赵卓文表示,楼市发展到现在需要一个平台不断地展示一些信息,而且还要有具体的东西,比如说户型、样板房、营销中心、园林等。未来,楼盘需要展示的东西都可以在微信的平台上得到实现。另外,互动可以解决很多现实的问题,比如砍价、打折扣,用户亦可享受各种服

## 第八章：行业专家谈微信

务。将来，买房者会参加网上的房博会。以前，人们看楼很辛苦，一天看七八个楼盘，但是以后人们可能通过网络一天就把北京到上海的楼盘看完了。作为业内人士，他很期待它的发展，而且他觉得它未来的发展空间也是非常大的。

看完专家们的分析，菜鸟感觉他们说得颇有道理，他也从中看到了微信未来发展的广阔前景。